推薦のことば
健康リスクに対応した経営が御社を変える‼

　健康管理とは、福利厚生の問題ではなく、むしろ、経営管理の問題ですから会社を守る‼』必要があるのか。それは、御社にとって健康リスクうです。

　オフィスを見わたせば、病気っぽい社員ばかり。何人もの社員は業務量が多すぎて過労死寸前。急いで雇い入れた派遣ない。顧客からの電話は、「担当の○○さんをお願いします」と言って日下、自宅療養中。代行者は慣れないことに戸惑い、顧客を激怒させている……正では発展する可能性はありません。

　そもそも、御社にとって人件費とは、ドブに捨てるために支払うコストではないはずです。なぜ社員に給与を支払うのか。それは、社員が存分に能力を発揮し、給与分を超えた貢献を果たしてくれると期待しているからでしょう。月給制とは「一か月等の一定期間を単位として支給される基本給の制度」です。これは「計画・立案・管理などの専門的知識や経験を要する職務に対し、俸給を期待度と信頼度で支払う制度」であり、「欠勤しても減収にはならない」（『［改訂新版］世界大百科事典（平凡社）』から一部改変）とされています。言い換えれば、月給制とは、期待と信頼で成り立っています。それは、休まず働いてくれるという期待であり、怠けず働いてくれるという信頼です。したがって、月給制は期待と信頼が裏切られれば、いとも簡単に崩壊します。「休まず働いてくれると期待していたのに…」「怠けず働いてくれると信頼していたのに…」、この二つの嘆きが経営陣の口からこぼれてくるようでは、御社の明日はありません。人事管理の最大の失敗とは、「業務負荷による病気で長く休む社員がいる」ことです。それは、「怠けて仕事をしない社員がいる」ことと同じです。病気も怠業も御社の被る損失は変わりません。人件費の浪費、ポスト空席による人員減、業務振り分けの困難、現場の士気の低下です。「業務による病気で長く休む社員」を一人も出さないようにして初めて、御社の人事管理は成功しているといえるでしょう。

　病気や休職のマイナスは、御社社員にとっても同じことです。「入社後、いずれ病気になって長期休職する」ことを見込んで入社する人はいません。病気で長く現場を離れれば、仕事のスキルは下がり、ストレスへの対応力も落ち、同僚の信頼を失い、クライアントの信用もなくし、昇進・昇給の可能性は断たれ、家族も皆、暗い空気のなかで過ごすことになります。失業の不安すら、頭をかすめることでしょう。

　健康管理とは、こんなにも重い課題ですが、別の角度から見れば、発展性の高い分野でもあります。それは、個々の社員の健康をとりもどしたことで、御社の経営をV字回復させる可能性をはらんでいるからです。健康リスクは御社をつぶす。しかし、健康リスクに対応した経営は御社を変えます。社員は、皆、優秀な人材ばかりです。どの企業も、複数の受験者のなかから、厳選の末にベスト＆ブライテストの俊秀を雇用したはずです。社員は皆知性と技能と知識をもった貴重な資源であり、その人の本来の能力を発揮しさえすれば、御社にとって大きな貢献を果たしてくれます。

　御社の社員をただのコストにするか、それともヒューマン・リソースにするか。それはすべて健康リスクに対応した経営にかかっています。社員の能力こそ最も開発の余地のある資源であり、それを活用すれば御社は劇的に変わります。そのためには、個々の社員の健康度を高め、能力を最大化し、最高のパフォーマンスを引き出させることです。

　健康リスクに対応した経営は、御社を成長させる。その具体的な方法については、どうか、本書をお読みください。

獨協医科大学埼玉医療センター
こころの診療科
教授　精神科医　井原裕

はじめに

　この本は、すべての中小企業・団体の経営者、人事・労務・総務担当者、それらの方々にアドバイスする側の士業の方々、小規模事業場の健康管理に携わる方々向けに書いたものです。

　実は、中小企業ほど健康診断の結果は悪いのですが（第3章）、それに対しての対策はなかなか打てていません。それは、中小企業では専任の担当者がおらず、情報も少なく、企業等の健康リスク管理の専門家である「産業医」との付き合いも少ないか全く無かったりするからです。

　従業員数の少ない中小企業等では、従業員一人当たりの業務が多岐にわたり、また、交代要員を置いておく余裕もありません。従って、従業員の健康リスクは大企業や大規模事業場に比べて、中小企業や小規模事業場のほうが重要となってきます。

　一方で、2020年4月から中小企業等でも働き方改革関連法が適用され、6月からはパワハラ防止関連の法整備も大企業から始まりました。そのような中で新型コロナウイルス感染症対策、テレワークを含めたウイズコロナの新しい働かせ方にも対応していかなくてはならなくなりました。

　今後の中小企業等は、生産性の高い少数精鋭集団であることが求められますが、いくら能力の高い労働者がいても、長く安心して就労してもらえなければ事業を維持・発展させていくことができません。そして、そのための土台が「従業員の健康」です。

　しかし、今後の労働者数の大幅な減少の影響を最も受けるのも中小企業等ですので、高年齢労働者の活用、外国人労働者の活用、障害者の活用、メンタルヘルス不調者の復職後の活用、非正規労働者や女性労働者の活用などを、避けて通ることはできません。

　この本では、労働者に共通する課題に対する対策を、できるだけ費用をかけずに行っていただけるようにという想いで、具体的な提案をしています。

　それらの視点や提案が一つでも多く明日から現場で取り入れられることを願っています。

　2020年9月

　　　　　　　　　　　　　　　　　　　　　　　　　　　　　　　　　　　　佐藤典久

目　次

〈凡例〉

この書籍では文中の略称について以下を用いています。

労基法＝労働基準法

安衛法＝労働安全衛生法

新安衛法＝改正労働安全衛生法

安衛令＝労働安全衛生法施行令

安衛則＝労働安全衛生規則

新安衛則＝改正労働安全衛生規則

有所見率＝定期健康診断を受診した労働者のうち、有所見者の占める割合

※　本書の内容は 2020 年 8 月 1 日現在の法令等によっています。

第1章

健康リスクが高まる要因と現状

1　少子高齢化に伴う、不健康な社員の増加

　平成31年4月から始まった「働き方改革」はなぜこの時期にスタートしたのでしょうか？
それは「少子高齢化による労働人口の減少」×「OECD加盟の先進国の中でも最下位の労働者一
人当たりの労働生産性の低さ」＝「**不都合な未来の日本**」という構造が国にもはっきり見えてき
たからです。例えば、労働人口（15〜64歳の人口）の割合は、2010年の63.8％から2030年には
58.1％に下がると予想されています（国立社会保障・人口問題統計資料集（2013））。

　それを受けて、中小企業を中心に人材難が深刻な問題になっています。「中小企業白書」（2018年）
によると、従業員1,000人以上の大企業の人材の未充足率に対し、零細企業では8倍以上も高くな
り、**規模が小さくなるほど人材難になる傾向**がはっきりしています。特に運輸業、建設業、飲食店
業といった業種では、深刻な人手不足になっていると指摘されています。一方で労働者の健康診断
の結果をみても、男女共に運輸業、建設業での有所見率が最も高くなっています（第3章参照）。

　人手不足は、過重労働→サービスの低下→業績の悪化→社員の離職→人手不足という負の連鎖を
生み、最悪の場合は倒産の原因になることもあります。しかし、若い労働力の確保は年々難しく
なっていくことは間違いありません。企業にとって、「現状の労働力の保持」と「新しい労働力の
確保」は、景気の動向に影響を受けない、令和の企業にとっての永遠の課題と考えるべきです。

　業務効率を高めて労働生産性を向上させることはもちろんですが、労働力確保がより困難な中小
企業では「**新たな雇用の担い手**」を開拓することが急務です。そのため、近年は国をあげて定年を
延長しての「高年齢労働者」雇用、「女性」の雇用を推進し、「外国人」にも雇用の門戸を広げよう
とする政策がとられています。「非正規社員」も成果主義で、頑張ってもらえるような同一労働・
同一賃金という仕組みが出来ましたし、「障害者」や「がんなど病気になった人」に対する仕事と
治療の両立支援も次々と法制化されています。このような施策が成功しないと、若い労働者に溢れ
た国々との経済競争に負けてしまうことは、間違いありません。

　しかし、上記のような多様な人材を確保し労働力として保持し続けることは、専門スタッフがい
ない、または少ない中小企業にとって大きな課題といえます。問題は、高年齢者などは持病があっ
たり、けがをしやすかったりする"**特別な配慮が必要な労働力**"であるということです。

　例えば、加齢に伴い持病は増え、聴力・視力も衰えます。働くことによりストレスが増加し飲
酒・喫煙という生活習慣が加われば、不健康な社員が増えることは間違いありません。非正規社員
の中には、健康保険証を持っていない人も少なくないといわれています。文化や生活習慣の違う外
国人労働者には、日本の常識は通用しませんので、誰でも理解できるように工夫した安全衛生教育
をしっかり行う必要もあります。

　10代から50代までの男性正社員と若い一般職の女性といった社員構成ではなく、**70代までの多
様な身分・生活習慣を持った方を上手く雇用する時代**が到来しました。創業以来、特に大きな健康
起因の事故に遭われていない会社は、今までがとてもラッキーだったと捉えていただきたいと思い
ます。これまでやってきた"中途半端な時間管理・労務管理・健康管理"では令和の時代には通用
しないと考えるべきです。

（下村）

②　健康リスクがなぜ経営リスクとなるのか

　経営にとって必要なものは「ヒト」「モノ」「カネ」と「情報」などと言われますが、その土台はもちろん「ヒト」であることは間違いありません。その労働者と結ぶ労働契約の前提は「心身ともに健康で働いてもらうヒト」ということです。

　私傷病で出勤できない社員には報酬を支払わなくても済みます。しかし、高血圧であったり糖尿病であったりと「半健康状態」の労働者を働かせていて、通勤途中も含めて勤務中に交通事故でも起こされ他人を死傷させたりすると、事業主の責任が問われることが考えられます。

　健康診断を受けていないのに何年も放置したままの場合、健康診断は受けているものの、その結果を会社がチェックせずに通勤や仕事で車を運転させていたような場合などに、たまたま高血圧や糖尿病の社員により発生した交通事故は会社や経営者にとって**非常に大きなリスク**となります。

　さらに長時間労働をさせていて労働者に倒れられたら、それは経営者の責任となってしまい、ほとんどの場合に労働災害として扱われ、**労災保険より支払われる保険金だけでは不足する数千万円が経営者の責任**として訴えられます。

　どこの会社においても明日起こってもおかしくないリスクですが、そこを強く意識させるような経営者向けのわかりやすい本は今までほとんどありませんでした。

　多くの判例では、法律で定められている健康診断やその後に行わなければならない医師による就業判定（就労判定）など、法律で定められているルールが守られていない場合、また月に80時間を超えるような長時間労働（法定時間外労働）をさせていた場合などは経営者側が負けています。

　高年齢労働者や障害者、病気を抱えた労働者を雇用しなければならない「**令和時代の経営者**」にとっては、労働者の健康管理が、企業のリスク管理の重要なもののひとつとなってきています。ご存知の通り新型コロナウイルス対策でも、糖尿病などの有病者に対する企業側のリスク管理対策が問題となりましたので、悩まれた経営者の方々も多いと思います。

　企業経営者としては、もちろんIT化やテレワークの導入なども推し進めなければなりませんが、もはや「ヒト」を使い捨てる時代は終焉を迎え、「**安全**」に**配慮しながら上手にメンテナンスをしつつ労働者に最大限のパフォーマンスを提供し続けてもらう**しか選択肢はありません。

　この本を1度読んでいただくことにより、令和時代の経営者として従業員の健康リスク管理として何をしておかなければならないのかということが、はっきりとわかっていただけると確信しています。

（佐藤）

③　中小企業は健康リスクに敏感であるべき

　特に中小企業で、労災・健康上の事故が起きれば、経済的な損失に社会的信用の失墜が加わり、最悪の場合は倒産してしまう事例が増えています。"**中小企業こそ健康リスクに敏感であるべき**"です。

　しかし、多くの企業で、労務や健康管理の担当者は、"いろいろな仕事の片手間"で実務にあ

たっているのが実情でしょう。

　この本では、会社と従業員を守るために、中小企業の経営者と担当者のなすべきことについて、多くの経験や事例を基にわかりやすく解説しています。今までなかった新しい視点や曖昧にしていた問題に対して、直球の回答も沢山出てきます。明日から現場で使えるように巻末には沢山の書式やチェックリストも用意しました。

　中小企業は、従業員が少ないため、一人一人の健康と安全が会社経営に占める比重はとても大きくなります。そして**経営者の考え方次第で大きく変われるのも中小企業の強みです。**

　まずは経営者自身のために、そして会社のために、従業員とその家族のために、ステークホルダーのために、★★★のお勧め部分だけでも読んでみてください。

＊経営陣に必ず読んでいただきたい部分には★★★のマークをつけてあります。担当者の方にはそれ以外の部分も含めて読んでいただければ幸いです。

（佐藤）

第2章

経営者に求められる
健康関連の法律知識

1 労働安全衛生法の義務の多くは 事業場の人数規模や業種に応じて決められている ★★★

　本来は常時働く従業員の人数で労働安全衛生法の義務が違うこと自体に問題があるかもしれません。が、労働安全衛生法の義務の多くは事業場の人数規模や業種に応じて決められています。常時使用する労働者数が 10 人以上、50 人以上、有害業務を取り扱う 500 人以上、1,000 人以上、3,000人以上などが区切りの数字になります。

2 「労働者 50 人以上の事業場のみ」に義務付けられていること

　労働者 50 人以上の事業所はどんな業種であっても、以下のことをしなくてはなりません。
① （安全）衛生管理者の選任
　事業場の規模や業種により分かれています。労働基準監督署への選任報告義務があります。
② 産業医
　業種などに関係なく、選任義務と労働基準監督署への報告義務があります。
③ （安全）衛生委員会
　業種によって「衛生委員会」または「安全委員会」（対象業種 図表 2-1）の設置が義務付けられます。衛生委員会と安全委員会を同時に開催した場合には「安全衛生委員会」となります。

図表 2-1　安全委員会、衛生委員会の設置が必要な事業場

	常時使用する労働者数 50 人以上	常時使用する労働者数 100 人以上	
安全委員会	林業、鉱業、建設業、製造業（木材・木製品製造業、化学工業、鉄鋼業、金属製品製造業及び輸送用機械器具製造業）、運送業（道路貨物運送業及び港湾運送業）、自動車整備業、機械修理業並びに清掃業（安衛令第 8 条第 1 号の業種）	製造業（上記以外の製造業）、運送業（上記以外の運送業）、電気業、ガス業、熱供給業、水道業、通信業、各種商品卸売業、家具・建具・じゅう器等卸売業、各種商品小売業、家具・建具・じゅう器小売業、燃料小売業、旅館業、ゴルフ場業（安衛令第 8 条第 2 号の種類）	左記以外の業種は設置義務なし
衛生委員会	業種にかかわらず、常時使用する労働者数 50 人以上		

　（安全）衛生委員会のメンバーは労使半数ずつで構成され、人事労務担当者や衛生管理者、そして産業医が通常は経営者側として参加し、労働組合から推薦された従業員や、男女比を考慮したり、内勤外勤などの意見を反映したりするため従業員から選ばれた従業員代表が、労働側として参加します。そして、取締役や執行役員、営業所長や工場長などの、（安全）衛生委員会で決議された事項を実施できる権限のある責任者が議長となって、委員会の議事を進行していきます。ですから通常は最低でも議長 1 人・経営側 2 人・労働側 2 人の合計 5 人で構成されます。もちろんもっと参加人数が多い事業所も沢山ありますし、労使対立を前提とした委員会ではないので、その都度関係する従業員や外部の専門家を呼んでオブザーバーとして参加してもらったり、委員会の委員の代

図表 2-2　事業場の規模と産業医等の役割

事業場の従業員規模	産業医 衛生委員会 または 安全衛生委員会	衛生管理者 安全衛生推進者または 衛生推進者
1,000 人以上 （有害業務なら 500 人以上） 3,000 人以下	専属産業医 3,001 人以上は 2 人 衛生委員会または 安全衛生委員会	衛生管理者 1,001〜2,000 人　4 人 2,001〜3,000 人　5 人 3,001 人以上　6 人
50 人以上	嘱託産業医 衛生委員会または （安全）衛生委員会	衛生管理者 200 人以下　1 人 500 人以下　2 人 1,000 人以下　3 人

＊労働安全衛生に関する約束事を理解してもらうための簡略化した資料ですので、これが全てではありません。

理出席などもよく行われています（例えば、担当取締役が忙しくて出席できないため、総務人事部長が代理出席をする、営業担当者がアポイントのため参加できないので他の営業担当者が代理出席するなど）。

④　ストレスチェック

正式には「心理的な負担の程度を把握するための検査」といいます。法定の定期健康診断などと違い、従業員には受検しなければならない義務はありません。なぜなら既に通院していたり、医師から処方された薬を飲んでいる従業員もいるため、その人たちに「心理的な負担の程度を把握するための検査」がさらなるストレスになることを防ぐためです。しかし、事業主には、健康診断の実施義務がある従業員（＝通常の従業員の労働時間の 3／4 以上の労働を行う従業員）に対して、ストレスチェックの検査を受けることが出来るチャンスを与えなければならないという義務があります。よって従業員は 50 人以上であるが、殆どの従業員がパート社員で労働時間が正社員の 3／4 未満か、派遣されてきた労働者という事業場では、ストレスチェック受検対象者が実は 10 人未満などという場合もあります。

⑤　法定定期健康診断の結果報告義務、ストレスチェック結果の報告義務

様式 6 号という書式を使って労働基準監督署へ報告する義務があります。

コラム　そもそも労働者 50 人以上の事業場とは？

まず、誰を従業員として数えるのかについて確認しておきましょう。労働安全衛生法での事業場の労働者数とは、正社員だけのことではなく、契約社員、パート社員、アルバイト社員などの直接雇用社員、出向社員、派遣社員などその事業場で働く労働者全部を含めたものを指します。例えば、毎月違うアルバイトが入れ替わり働いているとしても、月々の給料袋の数が 45 枚ある事業場で、派遣社員が 5 名いれば労働者が常時 50 人以上の事業場となります。フルタイムで働く労働者も 1 人、月に半日だけ働く労働者でも 1 人、執行役員も 1 人としてカウントされます。

ただし、常時ということですので、夏場のビアガーデンや冬場のスキー場のホテルのようにハイシーズンには 100 名以上の人たちが働いていても、オフシーズンには 50 名未満になる事業場や、月によって時々 49 名になったりする事業場の場合、労働基準監督署は「疑わしきは罰せず」の原則に則り対応すると思います。

しかし、労働災害などが発生したときに、「直近上位」という判断をされて、労務管理が出来ていない小規模な営業所や店舗などの管理をしている上位の事業場が指導されることがあります。例えば同じ都道府県内に数店舗を持つような会社で一つ一つの店舗では 50 名未満ですが、それらを管理している直近上位の事務所はそれらを合わせると 50 名を超える場合に、50 名以上の事業場単位として責任を果た

すように指導されることがあります。担当する労働基準監督官の判断に委ねられる部分となるでしょうから、迷うときは最寄りの労働基準監督署に相談しておくとよいでしょう。

③ 「すべての事業場」に義務付けられていること ★★★

規模にかかわらず、以下の事柄は、すべての企業・団体に義務付けられています。

① 法定健診と就業判定（就労判定）

どんなに小規模な事業場であれ、すべての事業場の事業主には法律で定められた各種の健康診断の実施義務が定められています（各種の健康診断に関しての優先順位はとても重要ですので、後程詳しく解説します）。

図表 2-3 すべての事業所に義務付けられている健康管理

従業員規模	健康診断と就労判定	過重労働者対策（改正労安法）	メンタルヘルス対策
1,000人以上（有害業務なら500人以上）3,000人以下	法定健診（雇入れ時健診・定期健診・特定健診・海外派遣者健診）に対する就労判定と事後指導、各種措置	①100時間超かつ疲労の蓄積＋本人申し出＝医師による面接　②80時間超かつ疲労の蓄積又は健康上の不安を有している＋本人申し出＝医師による面接　③事業場で定める基準に該当する労働者	ストレスチェックの実施と医師面接の義務化
50人以上			
10人以上50人未満			努力義務
10人未満			

従業員規模	健康診断と就労判定	過重労働者対策（改正労安法）	メンタルヘルス対策
1,000人以上（有害業務なら500人以上）3,000人以下	法定健診　安全配慮義務の1丁目	①100時間超かつ疲労の蓄積＋本人申し出＝　安全配慮義務の2丁目	ストレスチェックの実施と医師面接の義務化
50人以上			
10人以上50人未満	事後指導、各種措置	面接　③事業場で定める基準に該当する労働者	安全配慮義務の3丁目
10人未満			

8

② **長時間労働者への対策**

　平成18年からは50人以上の事業場で、平成20年からはすべての事業場で、事業主に長時間労働者（過重労働者）に対しての医師面接の提供義務が課せられています（平成31年4月から改正労働安全衛生法が施行されていますので、その内容も含めて後程解説します）。

③ **ストレスチェック実施の努力義務**

　ストレスチェックについては、制度施行（平成27年12月1日施行）から5年後までに、50人未満の事業場に対する実施の有無も含めて見直しをすることとなっています。現在は努力義務となっていますが、将来的には義務になっていくでしょう。そもそも努力義務というのは、出来るだけストレスチェックを実施するように努力してください、という行政からの呼びかけであり、万一事業場内でメンタルヘルスに係る労働問題が発生したような場合に、裁判官は「国が推奨するメンタルヘルス予防に対する努力をしていなかった」という判断をするでしょう。努力義務は「義務」ではありませんが、出来るだけその方向へ進んでいくべき対策になりますので、国も50人未満の事業場でストレスチェックを実施した場合に助成金（※）を出しているのです。

　さて、私、佐藤はこれらの3種類の義務を「安全配慮義務の1丁目」「安全配慮義務の2丁目」「安全配慮義務の3丁目」と呼んでいます。なぜかと言いますと、1丁目を通らないで2丁目3丁目に進んでも意味がないからです。「基本中の基本」は1丁目で、その次に2丁目に進んでいかないと対策の取りようがありません。例えば、健康診断を受けていない従業員が長時間労働者面接指導や高ストレス者面接指導を希望してきても、産業医や担当医師は「まず、健康診断を受けて、その数値なども見てから意見書を作成しますよ」と言うでしょう。

　事業主のリスク管理の観点からも、健康診断を受けていない従業員が社内外で働いたり、車を運転したりしていて、何か事故でも起こした場合の健康管理責任、安全管理責任は事業主に問われますので、この1丁目が大事なのです。　　　　　　　　　　　　　　　　　　　（1 2 3 佐藤・下村）

（※）メンタルヘルス対策助成金／ストレスチェック助成金（ストレスチェックを実施した場合に、1人につき最大税込500円、医師による面接指導等1回実施につき最大税込21,500円）

4　健康診断は受けることが目的ではない!?　★★★

　ご存じのように、事業場は従業員に健康診断機関や診療所で健康診断を受けてもらい、その結果を必要とされる年数にわたり保管する義務があります。

　私は産業保健のコンサルティングをしているので、いろいろな規模の事業場から新規のご相談を受けて訪問しますが、まずはそこで健康診断の結果の取扱いについて質問します。すると、「健康

会社は健康診断を実施するだけでは非常に危険です。

診断の結果は個人情報だから大事に鍵のかかった書庫などに保管してありますよ」というご返事をいただきます。もちろんそれは大事なことですが、しかし、"書庫にしまう前にやらなければならないこと"があることをご存じない担当者の方が多くいらっしゃいます。

　そもそも健康診断の結果を記載する正式な用紙には、必ず「医師の診断」という欄と「医師の意見」という欄があります。「医師の診断」は、健康診断を実施した医療機関の医師により「特に異常を認めず」とか「要再検査」「要精密検査」などと診断した内容が記載されています。こちらは法定健診以外の人間ドックであろうが成人病健診であろうが、すべての健康診断に必ず記載されています。しかし、その下にある「医師の意見」とは何でしょうか？これを正確に答えられる担当者の方なら安心ですが、殆どの場合は返事がありません。

　この「医師の意見」欄こそ法定の健康診断の第1の目的になります。こちらには「就業可」「条

図表 2-4　健康診断結果の活用

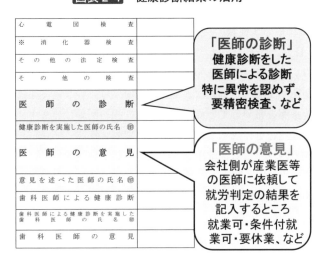

図表 2-5　健康診断結果と医師からの意見聴取

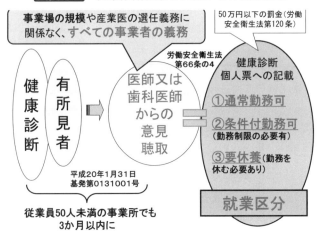

図表 2-6　事後指導・措置

件付就業可」「要休業」など**就業判定**（または**就労判定と呼ばれる**）の結果を、事業主から依頼された医師が記入するところです。産業医を選任している事業場であればこれを産業医が行うことになりますが、産業医選任義務がある事業場で働いている労働者は全労働者の約45％ですので（平成26年経済センサス―基礎調査より）、約55％の労働者が所属する事業場では産業医ではなく、近隣の医師などに依頼して就業判定をしてもらわなければなりません。ですから実際は殆ど実施されていないのが現状ではないでしょうか。

　さて、「就業可」「条件付就業可」「要休業」などの就業判定（または就労判定）についてですが、違いがわかりにくいと思います。自動車の運転免許をお持ちの方ならよくわかると思いますので、免許の更新を例に挙げて説明してみましょう。運転免許の更新のときには「無条件で運転可」「条件付きなら運転可」「運転不可」の3つのいずれかになると思います。「条件付き運転可」とは例えば眼鏡をかければ運転可、オートマチック車なら運転可などという条件付きのことですから、**毎年の仕事の免許更新を健康診断で行っているのだと考えればよいでしょう。**

　では、就業判定（就労判定）がなされた後はどうすればよいのでしょうか？

　ここからが**法定の健康診断の第2の目的**であり、真の目的となります。

　それは、就業判定（就労判定）を受けて事業主が行わなければならない「**措置**」になります。健診結果の段階が要観察なら、「医師または保健師による事後指導」を実施して、これ以上悪化しないように予防させます。しかし何らかの「措置」が必要と判断された従業員の場合には、当事者である従業員、その上司や関係者、人事労務の担当者、産業医がいるような事業場であれば産業医などが参加して、例えば就業場所の変更や作業の転換、夜勤から日勤への転換、交代制から非交代制への転換、残業時間も含めて労働時間の短縮、出張の禁止などの措置を話し合い、出来るだけ従業員の同意を得てその措置を実施します。

　事業主は必ず産業医または医師に就業判定（就労判定）をしてもらい、必要な従業員に対して適切な**事後措置**を取らなければならないのです。これが事業主の「**健康配慮義務**」または「**安全配慮義務**」の土台となります。

（佐藤）

⑤ 安全配慮義務を怠るとどんな結果を招くのか

　ここで、経営者には是非知っておいていただきたい、実際に起きた事例をご紹介しましょう。

　東京の新宿にあるソフト開発会社に勤務するＡさんのケースです。22歳で入社したときには特に血圧等に異常は認められませんでしたが、年数が経つうちに彼は健康診断で毎年のように高血圧を指摘されるようになりました。

　会社側は毎年健康診断後の精密検査を受けるように指導はしていましたが、血圧が高くても特に重い症状があるわけではなかったせいか、彼は精密検査には行きませんでした。このような従業員はどこの会社にもいらっしゃるのではないかと思います。

　やがて有能であった彼はプロジェクトリーダーに抜擢され、金融システムのソフトウエア開発チームを担当し、締め切りに追われる過重な労働が続きました。

　そして、33歳のときについに彼は自宅において脳内出血で死亡してしまいました。死亡前１週

間の労働時間は 73 時間で法定労働時間 40 時間の 1.5 倍以上でした。また、時間外労働時間も 1 か月で 140 時間にのぼっていました。死亡前年の健康診断の結果では血圧は 176／112 で、死亡時直近は 176／100 という数値だったようです。

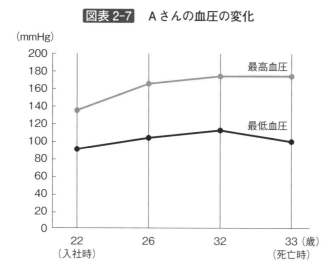

図表 2-7　A さんの血圧の変化

（mmHg）

最高血圧

最低血圧

22
（入社時）　26　32　33（歳）
（死亡時）

死亡したこの A さんは、裁量労働で入社以来、年平均で 3,000 時間を超える長時間労働を行っていました。

年 3,000 時間以上なら月平均で 86 時間以上の時間外労働をしていたことになります。

彼は仕事も会社も好きだったかもしれませんが、遺族にとっては 33 歳の将来のある青年が長時間労働で亡くなったとしか映りません。遺族は A さんの死亡は著しい過重業務に起因するものであり、会社には安全配慮義務違反があったとして裁判を起こしました。

会社側は、当然反論しました。私がこの会社の人事労務の担当者なら次のように反論すると思います。「会社としては精密検査を受けるように何度も伝えているし、そもそも本人の首に縄をかけて精密検査に連れていくなどということは許されないのだから、本人がその気にならない限り防げなかった」「もしも彼が精密検査に行っていたら、176／112 もしくは 176／100 という数値を見て、

診療医なら当然高血圧の薬を処方し、血圧を下げる治療をするだろうから、脳内出血など起きなかったはずです」「会社としては、どうすることも出来なかったんです」

会社側に3,200万円の賠償命令が出されました。

しかし、結局裁判では会社側におよそ3,200万円の賠償命令が出されました。

その判決要旨を下記でご紹介しておきましょう。

①死亡した社員の基礎疾患である本態性高血圧は、入社以降の長時間労働により、自然的経過を超えて急速に増悪していたところ、これに加えて平成元年以降の新プロジェクトによる高度の精神的緊張を伴う過重な業務により、高血圧を悪化させ死亡するに至った。

②会社は、この社員の高血圧の悪化を定期健診により認識していたが、この社員の就労につき必要な配慮を怠り安全配慮に違反した。

③社員本人も、会社から毎年定期健診の結果の通知を受け、また会社側から精密検査の指示を受けていたにもかかわらずこれを受診せず、さらに社員自身の基礎的身体的要因も血圧上昇に何らかの影響を与えていたと解されるから、50%の過失相殺が妥当である。

ポイントは、安全配慮義務というものは本人の申し出に関係なく一方的に事業主側にかかってくるものであるという点です。高血圧とか糖尿病とか法定健診でわかるような病気の場合で要治療状態にある社員が、本人が精密検査などを受けて問題なしとなった、あるいは、治療を開始して主治医の管理下に入って通常の就労の許可を得た場合を除いては、事業主側が就業上の配慮をしなければならないということなのです。例えば就業場所の変更や作業の転換、夜勤から日勤への転換、交

図表 2-8

**システムコンサルタントSE　脳出血死控訴事件
判決要旨**

①死亡した社員の基礎疾患である本態性高血圧は、入社以降の長時間労働により、自然的経過を超えて急速に増悪していたところ、これに加えて平成元年以降の新プロジェクトによる高度の精神的緊張を伴う過重な業務により、高血圧を悪化させ死亡するに至った。

②会社は、この社員の高血圧の悪化を定期健診により認識していたが、この社員の就労につき必要な配慮を怠り安全配慮に違反した。

③社員本人も、会社から毎年定期健診の結果の通知を受け、また会社側から精密検査の指示を受けていたにもかかわらずこれを受診せず、さらに社員自身の基礎的身体的要因も血圧上昇に何らかの影響を与えていたと解されるから、50%の過失相殺が妥当である。

（東京高裁　平成11年判決）

代制から非交代制への転換、残業時間も含めて労働時間の短縮、出張の禁止などの措置を取らなければならないと裁判所が判断しているのです。この判決は東京高等裁判所によるものです。三審制の日本では最高裁判所に次ぐ高等裁判所の判決となりますので、判例主義を採る日本においては見本の判例として全国で採用される可能性の高い判決ということになります。

　この判例を知って経営者はどう動き出しますか？まずは、担当者を呼んで自分の会社の健康診断とそのフォローの仕組みを確認して、自社に同じような従業員がいないかを調べさせるでしょう。このような高血圧症や糖尿病、心電図異常などをそのままにしている社員の事例はどの会社にもあるのではないでしょうか。しかも、これらの精密検査や２次検査が必要と指摘される項目は法定定期健診の項目の中にあるので、人間ドックや成人病健診などで取り扱うがん検査などとは異なり、事業主として知らなかったとはいえない項目になっているのです。

（佐藤）

⑥　是正勧告

　労働基準監督署（労基署）は、労働基準法、安全衛生法、最低賃金法などの労働基準関係法令を企業に遵守させ、労働者の労働条件・労働環境の維持と改善を目的として適切な指導をするための行政機関です。労基署には厚生労働省に専門職として採用された「労働基準監督官」という職員が配置されています。監督官は、企業に立ち入り調査をすることが出来ます。調査は、税務監査と同じように、監督官が会社を訪れ、帳簿・書類・担当者への聞き取りによって行われます。

　電話で事前連絡があり、日程を調整して実施されることもありますが、予告なく調査が実施されることがあります。「法令違反ではないが、改善したほうが望ましい」と判断されたときには「指導票」が交付されます。調査の結果、法令違反が見つかった場合は、「是正勧告書」により改善の勧告がされます。

　このようなときは、報告書によって一定期日までに改善点を報告しなくてはなりません。

　労働基準監督官は『特別司法警察職員』として労働関係の犯罪を捜査し、逮捕も行うことが出来る権限を持っています。特に悪質なケースや指導に従わないときは、書類送検されることもあります。自分は犯罪と縁がないと思っている経営者・管理監督者も、労働法の違反という思わぬ事態によって突然、犯罪の当事者になってしまうこともありますし、いわゆるブラック企業と呼ばれてしまう可能性もあります。

　最近は、過重労働・メンタルヘルス・パワーハラスメント・セクシャルハラスメントといった課題が社会問題化して、労基署の指導も以前より厳しくなっています。産業医や衛生管理者の選任、健康診断の実施の有無、衛生委員会の実施等もこの調査の対象になっています。

　また、働き方改革に連動して、違法な残業がないか、医師や産業医との面接体制の構築が出来ているかなどの指導が年々厳しくなっていますので、注意してください。

（下村）

図表 2-9 労働基準監督機関

本省	1	
都道府県労働局	47局	
労働基準監督署	321署	325署
支署	4署	
平成28年度の**労働基準監督官数**	**2,923人**	（対前年22人増）

出典：厚生労働省労働基準局　平成 28 年度・30 年度労働基準監督年報

図表 2-10 監督実施状況

監督種別	監督実施数	構成比	違反事業場比率	完全是正率
定期監督	136,281	80.1%	68.2%	
申告監督	20,965	12.3%	68.0%	
再監督	12,946	7.6%		45.3%
合計	170,192	100.0%		

出典：厚生労働省労働基準局　平成 30 年度労働基準監督年報

図表 2-11 労働基準監督署　監督実施内訳

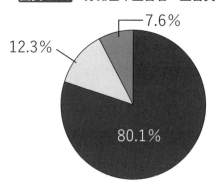

7.6%
12.3%
80.1%

■定期監督　□申告監督　■再監督

出典：厚生労働省労働基準局　平成 30 年度労働基準監督年報

第3章

健康管理体制

1 健康診断をしなかったらどうなるのか？

　企業にとっての法定の健康診断（法定健診）とは、雇入れ時健康診断（以下「雇入れ時健診」）、法定定期健康診断（以下「法定定期健診」）は必須であり、業種や業態によって特殊健診などがあります。担当者は業務の繁閑を考えながら、年度ごとに計画を立ててバランスよく、かつ漏れなく実施していかなければなりません。最近はそれに、ストレスチェックが入ってきましたので、担当者はさらに忙しくなったはずです。

　しかし、忙しいからといって法定の健康診断を行わずにいると「50万円以下の罰金」など、労働安全衛生法では珍しい罰金付きの処分が待っています。罰金など殆どない労働安全衛生法の中であえて罰金まで規定したのは、「事業者がどうしてもやらなければならないこと」1丁目の1番地だからです。実際にはいきなり罰金にはならず、まずは労働基準監督署の監督官から厳しい是正指導書が来ます。

（佐藤）

図表 3-1　罰金

50万円以下の罰金が科せられているものの例（労働安全衛生法第120条）

①健康診断の実施
　　（定期健康診断ならびに有害業務の健康診断）
　　　　　　　　　　　　　（労働安全衛生法第66条第1項・第2項）
②健康診断の結果の記録（労働安全衛生法第66条の三）
③健康診断の結果の本人通知（労働安全衛生法第66条の六）
④産業医の選任（労働安全衛生法第13条第1項）
⑤衛生管理者の選任（労働安全衛生法第12条第1項）

---

2 健康診断にも優先順位がある、ということ ★★★

　私が考える一般的な健康診断の優先順位ですが、まずは「雇入れ時健診」が最優先だと思います。雇い入れるときに健康状態を確認しておく、ということです。ある会社で新しく採用された社員が「雇入れ時健診」の受診をすることなく数か月通勤をしていたある日、通勤途中のバスが走行中に急停車し、バスの中にあるステンレスのポールに顔をぶつけてしまいました。その時に目を打ってしまい、殆ど失明状態となりました。

　会社の担当者は通勤労災を申請しましたが、労働基準監督署からはNOの返事が来てしまいました。当該社員は入社前も、そして入社後も一度も「健康診断」を受けていないため、視力が事故前までは正常な状態にあったかどうかの証明が出来ないので労災の認定が難しいということでした。

　もし、入社前後に健診をしていたら、元々は正常で、事故後視力が悪くなったことを、きちんと証明出来ていました。

　労働災害の補償というものはすべて事業主の責任となりますので、多額の医療費や補償が必要な労災が発生しても事業主が困らないように、労災の制度が作られています。その労災の制度が適用されない場合は、すべて事業主が負担することになりますので、この女性の失明の補償をしていかなければならなくなったという事例です。

　ですから、リスク管理上は「雇入れ時健診」が最も優先される健康診断ではないかと思います。

　続いて「法定定期健診」が優先されるわけですが、先程も示したようにこちらの結果を基に一年間の労働の免許証をもらうようなものですので、事業主は一人たりとも**無免許運転をさせない**ように注意しなければなりません。

　次に「特定業務従事者の健診」について述べます。沢山の種類がありますが、いずれも事業主の**指示で健康を害しやすい業務**に就かせるわけですから、絶対に対応しておかなければなりません。その業務とは具体的には下記のものとなります。
　　・暑熱な場所で働く業務
　　・寒冷な場所で働く業務
　　・有害放射線にさらされる業務
　　・土石、獣毛等のじんあい又は粉末を著しく飛散する場所での業務
　　・異常気圧下における業務
　　・削岩機等の使用により身体に著しい振動を与える業務
　　・重量物の取扱い等重激な業務
　　・ボイラー製造等強烈な騒音を発する場所における業務

　さらには「特殊健康診断」といわれる健康診断があります。こちらも特定業務従事者と同じく、事業主が健康障害が起きやすい環境下での業務をさせているわけですので、絶対に実施しなければならない健康診断です。それぞれ基になる法律があります。
　　「じん肺法」…………じん肺健診
　　「労働安全衛生法」…高気圧健診
　　　　　　　　　　　電離放射線健診
　　　　　　　　　　　除染等電離放射線健診
　　　　　　　　　　　鉛健診
　　　　　　　　　　　四アルキル鉛健診
　　　　　　　　　　　有機溶剤健診
　　　　　　　　　　　特定化学物質健診
　　　　　　　　　　　石綿健診　など

（佐藤）

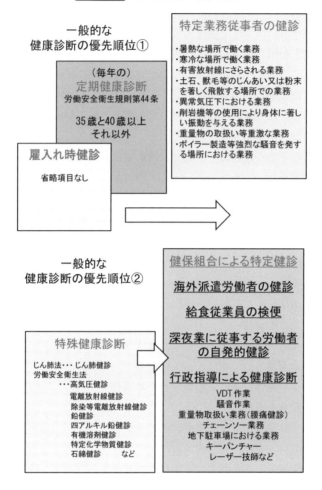

図表 3-2 健康診断の優先順位

一般的な
健康診断の優先順位①

特定業務従事者の健診

（毎年の）
定期健康診断
労働安全衛生規則第44条

35歳と40歳以上
それ以外

・暑熱な場所で働く業務
・寒冷な場所で働く業務
・有害放射線にさらされる業務
・土石、獣毛等のじんあい又は粉末
　を著しく飛散する場所での業務
・異常気圧下における業務
・削岩機等の使用により身体に著し
　い振動を与える業務
・重量物の取扱い等重激な業務
・ボイラー製造等強烈な騒音を発す
　る場所における業務

雇入れ時健診

省略項目なし

一般的な
健康診断の優先順位②

特殊健康診断

じん肺法・・・じん肺健診
労働安全衛生法
　・・・高気圧健診
　電離放射線健診
　除染等電離放射線健診
　鉛健診
　四アルキル鉛健診
　有機溶剤健診
　特定化学物質健診
　石綿健診　　　など

健保組合による特定健診

海外派遣労働者の健診

給食従業員の検便

深夜業に従事する労働者
の自発的健診

行政指導による健康診断

VDT作業
騒音作業
重量物取扱い業務（腰痛健診）
チェーンソー業務
地下駐車場における業務
キーパンチャー
レーザー技師など

③ 健康診断後のフォロー

　健康診断の目的は、健康診断を受けさせることではなく、その結果を日頃の仕事に反映させること
とです。従って健康リスクのある社員を探し出すこと、それを現場の管理監督者である上司にも伝
え、一緒になって対策を実施することが求められているのです。本人と産業医や健康管理スタッフ
だけがリスクを知っていても意味がありません。情報を管理監督者と共有して初めて現場の労務管
理に生かせるわけです。ただし、健康情報は要配慮個人情報なので、本人の許可なく現場管理監督
者に伝えることは出来ません。血圧が高い場合なら最高血圧や最低血圧の具体的な数値などは伝え
ず、血圧が高めなので、医者にかかって治療が始まるまで○○○のような業務や長時間労働はさせ
ないように、というような伝え方をすればよいでしょう。もし、本人が健康診断の結果のコピーな
どを持ってきてくれれば、それを基に話し合うことは出来ます。
　そしてもう一つ、社内で事後措置を実施する場合の注意点をお伝えしておきます。例えば運転業
務を行っている従業員に対し「運転禁止」の措置を行わなければならないときなどは、その従業員

の収入や生活がかかっている場合が多いため、本人が承諾しないことも考えられます。会社側が産業医や管理監督者と話し合って措置を決めた場合には、本人に対してなぜこのような措置をしなければならないのかをきちんと説明し、場合によっては産業医や上司にも参加してもらって本人の了解を得るようにしなければなりません。

　従業員がどうしても納得せず後々争いになった場合でも、会社側が本人に対し**説明や説得の努力を尽くしたかどうか**が争点になることが多いので、きちんと手順を踏むことと、説明や説得の日付・内容などの記録を残しておくことはとても大事です。

（佐藤）

図表 3-3　就業上の措置の注意点

一般的な健康診断　事後措置等の流れ

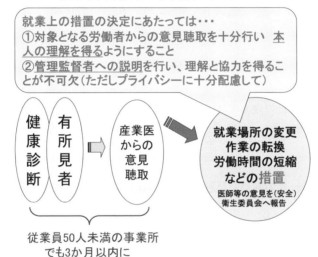

図表 3-4　一般的な健康診断と事後措置の流れ　まとめ

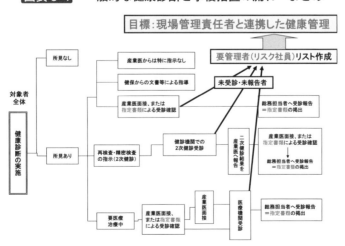

4　健康診断を受けない従業員に、どう対応するか？

　実は、労働者にも「自己健康管理義務」がある、ということをご存じですか。どうしても健康診断を受診しない従業員への対応について考えてみましょう。

　事業主にはかなり厳しい労働安全衛生法や労働基準法の縛りがありますが、**労働者にも「自己健康管理義務」**が課せられています。

　労働安全衛生法の第66条の7には事業主の義務として「保健指導等」が記載されていますが、2項には労働者は「健康診断の結果及び保健指導を利用して、労働者自身の健康の保持に努めるものとする」ということが書かれています。

図表 3-5　労働安全衛生法　保健指導等

労働安全衛生法

第66条の7　　　　　（保健指導等）

　事業者は、・・・途中省略・・・健康診断の結果、特に健康の保持に、努める必要があると認める労働者に対し、医師又は保健師による保健指導を行うように努めなければならない。

2　労働者は、前条の規定により通知された健康診断の結果及び前項の規定による保健指導を利用して、その健康の保持に努めるものとする。

自己健康管理義務！

　ですから、私は、**就業規則には健康診断の受診義務と自己健康管理義務を入れておくこと**をお勧めしています。健康診断を受けない従業員に対しては就業規則違反として受診を促すことが出来るからです。

　続いて、二次健康診断について解説したいと思います。平成20年1月31日、厚生労働省労働基準局長から出された基発0131001号では「「一次健康診断」における医師の診断の結果に基づき、二次健康診断の対象となる労働者を把握し、当該労働者に対して、二次健康診断の受診を勧奨するとともに、診断区分に関する医師の判定を受けた当該二次健康診断の結果を事業主に提出するよう働きかけることが適当である。」と、事業主を指導しています。

図表3-6　二次健診と厚労省の指針

二次健診は会社の義務か？

[平成20年1月31日　基発第0131001号]

健康診断結果に基づき事業者が講ずべき措置に関する指針

2（2）二次健康診断の受診勧奨等

事業者は「一次健康診断」における医師の診断の結果に基づき、二次健康診断の対象となる労働者を把握し、当該労働者に対して、二次健康診断の受診を勧奨するとともに、診断区分に関する医師の判定を受けた当該二次健康診断の結果を事業者に提出するよう働きかけることが適当である。

2（3）ニ　意見の聴取の方法と時期

‥‥‥また、意見の聴取は、速やかに行うことが望ましく、特に自発的健診及び二次健康診断に係わる意見の聴取はできる限り迅速に行うことが適当である。

次に、要精密検査や、一次健康診断を受けた後で二次健康診断（二次健診）の指示が出ているのに、どうしても受診しない従業員への対応について考えてみましょう。第2章で見てきたように、高血圧や糖尿病、心臓疾患に係る高リスク者の未受診者は会社にとって大きなリスクとなる可能性があります。

法定健診後に医師が就業判定（就労判定）をするわけですが、高リスクな疾患が予想される項目について精密検査や二次健診を受けない従業員がいた場合、産業医や就業判定（就労判定）する医師は、結果をもらうまでは就業についての判定が出来ないということになります。つまり「**判定保留**」の**状態**になります。判定保留のまま長く働かせていた場合、会社側の安全配慮は出来ていないということになりますので、その間に事故などを起こした場合の責任は重く会社にのしかかってくるでしょう。

会社としては、安全配慮義務の履行のため、産業医などと相談をしてその従業員に対して、例えば精密検査の結果が出るまでは残業禁止や出張禁止などの措置を取り（つまり**イエローカードを切り**）、本人の受診を促すという方法を取るとよいでしょう。

通常、二次健診は健康保険の適用にはなりません。会社側が二次健診の費用を本人負担ではなく、会社側全額負担または7割を会社が負担するなどして、就業規則に二次健診受診義務を入れる方法も考えてもらえればと思います。

（佐藤）

23

いくら言っても二次健診を受けない
社員がいるが、どうしたらよいのか？

労働安全衛生法第66条の7（保健指導等）の2項
労働者は、前条の規定により通知された健康診断の
結果及び前項の規定による保健指導を利用して、
その健康の保持に努めるものとする。

＊会社が強く言えるのは法定定期健診項目に限る

＊会社が費用負担をするなら、就業規則に二次健診
　受診義務を入れておくことも社労士と検討してみる

5　法定健診と健康保険組合が行う特定健診との関係は？

　会社の担当者の方と話をしていると、**会社に実施義務がある「法定健診」**（雇入れ時健診・法定定期健診・特殊健診など）と、**健康保険組合に実施義務がある「特定健診」**を混同していることがよくあります。言葉も似ていることもあり、なかなか区別がつかないのも無理はないと思いますが、優先順位や会社にとってのリスクという面では大きな違いがあります。

　法定健診は、それをしなければ会社や代表取締役が罰せられる健康診断であり、会社の健康リスク管理上最も重要な位置にあります。また、扱う項目も労働災害や過労死に直結しているものが多く、経営者が一番留意しなければならない会社の健康リスクです。

　一方で、特定健診は健保組合に実施の義務があるもので、対象者も 40 歳から 74 歳となり、健康保険の被保険者（社員本人）だけでなく被扶養者（家族など）も対象としたものです。

　法定健診には実施の強制義務がありますし、就業上の措置を講じなければなりませんので、会社にとっての重みは全く異なります。法定健診と就業判定（就労判定）、事後措置がきちんと出来て初めて、特定健診などに力を入れていくという順番を間違えないようにしてください。

（佐藤）

図表 3-8　法定健診と特定健診

特定健診・特定保健指導とはどんなもの？		
	法定健康	特定健診
	労働安全衛生法	高齢者医療確保法
名称	一般健康診断	特定健康診査
実施者	会社	健康保険組合
実施義務	実施しなければならない	実施するものとする
対象者	労働者（全年齢）	被保険者・被扶養者 40〜74歳
受診義務	強制義務「受けなければならない」	規定なし
検査の特徴	視力・聴力・胸部X線あり	視力・聴力・胸部X線なし
実施者の措置	医師の意見聴取、就業上の措置	結果に基づく階層化
結果報告先	労働基準監督署・人事委員会	社会保険診療報酬支払基金
罰則等	刑事罰	後期高齢者支援金の加算等がなくなる

6　健康診断の結果、どう優先順位をつけて対応をしていくか？ ★★★

　健康診断の結果が手元に届いた後、忙しい担当者としてはどのような優先順位でその結果に対応していけばよいのでしょうか。

　やみくもに対応していて、リスクのある社員への手当てが後回しになり、手遅れになってしまうことがよく起こります。健康診断の結果の中で、もちろん要治療や要精密検査の従業員たちから対応していくのは当たり前ですが、リスクを考える場合は下の図のように「危険な組合せ」が起こっている人を優先して対応していきます。

図表 3-9　定期健診後の事後対応のイメージ図

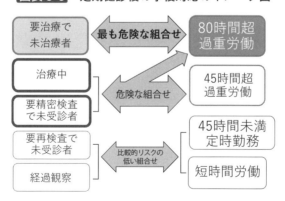

（佐藤）

7 市販の健康管理システムをどう利用するか？

最近ではICTを使った健康管理システムが発達して安価に導入出来るようになってきました。中堅企業や中小企業でもシステムを導入して素早くリスク対応をしているところが出てきていますので、ここで、健康管理システムの現状と課題を説明しておきます（ICT：Information & Communication Technology の略）。

以下は、主に日本産業衛生学会の関東地方会内の衛生管理者の集う会の有志よりヒアリングさせていただいたものです（詳しくは労働調査会出版局より刊行されている「衛生管理者の実務マニュアル」第4章をお読みください）。

私も担当者からシステムの導入に関してよく相談されますが、データの一元管理やICTの利活用をする場合にさまざまな課題があります。

（1）健診データの課題と対策

日本における健診データ管理の中の大きな課題として、**健診データが健診機関ごとに違うこと**が挙げられます。健診結果は、健康保険者向けでは**XMLファイル**という国の標準規格で電子化されていますが、そのファイルを産業保健用に使うには診断区分（判定）や視力・聴力・胸部X線等の結果がないなど、データ不足の問題があります。近ごろは健診機関（医療機関）から企業・団体にCSVファイル等のデータでもらえるようにはなってきましたが、**標準規格がないために**、健診機関ごとに健診項目名称・並び順・表記方法・単位・全角／半角等がバラバラで、統一して管理しようとすると相当の労力を要することになります。また肝心の診断区分判定も、健診機関ごとに異なっています。

これを解決する対策としては、3つの方法が考えられます。

① 健診（事務）代行機関に委託する

近年では、企業・団体や健康保険の保険者から健康診断業務をまるごと委託する事業者が増えてきています。この健診（事務）代行機関は、健診の予約から実施、データのとりまとめ、請求のとりまとめまで行ってくれますので、企業側は効率的に健診を管理できるうえ、データとしても統一して利用することが出来ます。難点は費用の面ですが、従業員数1万人を超えるような企業・団体や保険者でないと、健康診断自体の費用に上乗せしてそれに近い費用を払う必要が出てきます。また保険者の補助を利用している場合、自分の健保の指定先の契約健診機関と健診代行機関の契約健診機関が異なる場合があり、利用出来ないこともある点に注意をする必要があります。

② 健診機関にとりまとめを依頼する

本社や工場など従業員の集約比率が高い場所でバス健診など集団健診を委託している健診機関に、全国の事業所の健診のとりまとめを依頼することが出来る場合があります。健診機関によっては、**ネットワーク健診**と呼ばれるサービスを実施しているところも増えています。費用の面は、データのとりまとめのみ依頼するのか、健診費用とデータとりまとめ代の支払いも一括にするのかなどにより異なりますが、①の方法よりも費用を低く抑えられる場合もあります。

③　健診データのみ統一する

　数十名規模で健診を依頼している健診機関との相談・交渉により、CSV ファイルでもらえるようにする場合です。受領したデータは、健診機関によりそれぞれ異なりますので、市販の**健診データ変換ツール**を活用して自ら変換・統一を行う方法です。数名しか受診していないと、データで出してくれる可能性が少ないため、自ら表計算ソフトで打ち込むか、**データ入力事業者**（俗にいうパンチ業者）に入力を依頼します。ただし気を付けなければならないのは、費用が安くても品質の悪い事業者に当たると、健診結果を取り違えたりして大きな問題になることがある点です。また健診結果票の原本は、スキャナーで取り込み PDF 等のファイルで管理することにより、紙の二重管理や移動によるリスクなどを抑制することが出来る場合もあります。なお、データを扱う社内の健康管理者には守秘義務があります。外部委託とするなら、守秘義務契約を結ぶことが前提です。

(2) 健康管理システムの選定のポイント

　課題の 2 つ目としては、健康管理の効率化や効果向上を狙って健康管理（健診データ管理）システムを導入するときに、自社に合ったシステムの選定が難しいことです。

　ストレスチェックや保険者による特定健康診査は、厚生労働省よりマニュアルやガイドラインなど細かな規程があり、システム開発はその規程に則って開発されているので、ベンダー各社もかなり似ている仕様になっています。一方、産業保健は法律や担当者規則はあるものの、上記のような**業務マニュアル的な標準や規程がなく、各社各様**となっています。それらの業務の要望をすべて聞き入れて最小公倍数的なシステムを開発すると、かなり複雑で高価なものになり、衛生管理者や産業保健スタッフでは使いこなせないという状況も多く見受けられます。この対策としては、まず基本業務をベースにシステムを導入していくとよいと思います。

図表 3-10　健診結果のばらつき

医療機関ごとに、並び順も、項目名の表記も、値の書式もバラバラ…

健診実施機関 A		健診実施機関 B		健診実施機関 C	
社員番号	10011	従業員番号	10012	No	10013
漢字氏名	テスト太郎	漢字氏名	テスト次郎	氏名	テスト花子
カナ氏名	テストタロウ	カナ氏名	テストジロウ	カナ	テスト　ハナコ
性別	男	生年月日	S36.7.10	BD	1978/3/17
生年月日	昭38年10月10日	性別	M	SEX	2
身長	170.2	身長	171.6	Height	162.1
体重	70.3	体重	82.0	Weight	47.9
最高血圧	123	収縮期血圧	142	SBP	108
最低血圧	83	拡張期血圧	87	DBP	74
中性脂肪	128	ヘモグロビン	15.4	TG	108
血色素	16.1	ＴG	165	Hb	13.8

　先に記述したように、各社各様の産業保健業務について、システムを導入する場合、何の目的で何の業務をどのようにするためなのかを明らかにする必要があります。**健診結果の処理・管理・活用と産業医、保健師・看護師らによる面談**は、業務の中でも多くの時間比率を要しているため、ターゲットにしやすいと思われます。データの一元化により、多くの紙媒体資料の中から検索・抽出する時間を効率化することや、適切な分析を行うことにより、かなりリスクを低減させることが

出来ます。

　例えば、以下のような基本業務＝要件に絞って、シンプルなシステムを導入する方法が考えられます。

① 健診結果のデータ取込み
② 健診データの種別ごとの経年管理
③ 対象者の検索・抽出（未受診者・有所見者・医師の指示対象者・受診勧奨対象者・就労制限対象者など）
　　ａ．面談の記録…健診事後措置面談・過重労働面談（長時間労働者面接指導）・メンタルヘルス（ストレスチェック含む）面談・休復職面談など
　　ｂ．労働基準監督署への報告…報告書の様式6号といわれるものへの記載数字の計算

図表3-11　健診データの変換・統一のイメージ

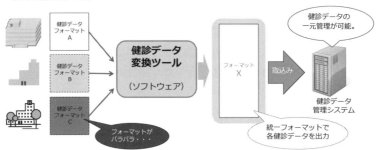

従来活用しにくかった健診実施機関からの固有フォーマットのデータを、データの並び順はもちろん、表記方法から単位まで統一する。

　さらに、近年では以下のような要件も企業・団体にとって必要となりました。これらは企業により管理方法も異なりますので、業務内容を理解出来るベンダーのオプションやカスタマイズで依頼することがポイントになってきます。衛生管理者や産業保健スタッフが、すべての仕様を決めることは現実的ではないので、提案ベースで開発出来るベンダー企業の選定が重要となります。
　　ｃ．特殊健康診断の管理…作業と有害事象・特殊健診・問診のマトリクス管理・作業歴の管理・労働基準監督署への報告（報告様式2号・3号・8号等）
　　ｄ．過重労働管理…残業時間等の勤怠情報からのリスクと、健康管理上のリスクを勘案し、産業医面談等の優先順位を決めるという方法もあります。
　　ｅ．就労判定支援…健診の事後措置のため、当年の健診データのみを見て就労判定を行う場合もありますが、経年の健診結果を含めて上記の勤怠情報やストレスチェック情報、面談等の経過などさまざまな情報を見たうえで、産業医に判定してもらうケースが増えています。
　　ｆ．事業所の情報共有…事業所数が多い企業で、各事業所の衛生管理者と本社の統括が従業員の情報を上手く共有できる画面を作成し、未受診にならないようにしたり、医療機関への受診状況を確認したり出来るようにするところもあります。

（3）「介入ツール」としてのICT

ICTを活用して従業員に健診結果を見せるだけでは、健康管理にはなりません。 近年、健康経営の流れとスマートフォンの普及もあり、保険者や企業・団体が従業員（組合加入者）のスマートフォンで健診結果が見られるようにしたり、各種の健康情報を流したり、歩数や活動量がカウントされ、それを使いゲームや競争が出来るようなシステムが普及しつつあります。しかし実際に導入している保険者や企業・団体では、該当サービスに登録し利用しているのは健康意識が高く毎日2万歩以上歩くような一部の従業員（組合加入者）であり、本来のターゲットである"課題を抱えるリスク者"は使っていないという悩みを抱えています。

このような問題を起こさないためには、プラットフォームを提供するだけでなく、介入ツールとする方法が考えられます。産業医や産業保健スタッフが介入するツールとしてICTを使うと、健康管理の効果が上がったという事例が多いようです。例えば某大手製造業者の工場勤務社員で、HbA1cが6.5以上で糖尿病初期と診断されている者数名に、リストバンド型のウェラブル端末をつけてもらい産業医が生活習慣の指導をしたケースでは、半年でHbA1cが5.5まで改善した人がいました。

（佐藤）

コラム　健康は小さな取組みから──────────

ある企業では、「座りすぎブレイク（中断）プログラム」を実施しています。1.5時間～2時間ごとにアラームが鳴り、全社員が一斉に3分間立って何かをするというものですが、身体を動かすと同時に社員間のコミュニケーションが活発になり、よい効果が出ているようです。

他に、広い敷地でほぼ全員が車通勤の会社の場合の取組みを紹介します。駐車場の車1台ごとのスペースを社屋から遠くなるほど広くして提供しています。狭いスペースに駐車するのが嫌な人は多少遠くても毎日広いほうの駐車スペースへ車を停めるそうですし、楽に乗降できたり、雪が降っても雪下ろしができるので人気だそうです。また、他の会社では、BMIが高い社員は産業医からの指示で遠くの駐車スペースに停めるように指示されるようです。

---

⑧　小さい会社のほうが健康診断の結果が悪い

平成30年の東京を中心とした職域における健康診断の有所見率は、男性61.7%、女性50.0%でした。これは東京都産業保健健康診断機関連絡協議会（略称：都産健協　会長　栁澤信夫）による男性約173万人、女性約109万人の働く人の調査ですので、とても参考になります。

なぜこんなに多くの有所見者がいるのでしょうか。まずどんな項目で有所見、つまり基準値・標準値を超えているのかを見てみましょう。**男性の有所見率が高いものでは**①血中脂質検査35.4%、②腹囲計測34.6%、③肥満度（BMI）27.1%、④肝機能検査19.7%、⑤血圧測定17.2%、⑥血糖検査11.3%などでした。**女性でも**①血中脂質検査24.4%、②肥満度（BMI）20.5%、③貧血検査13.4%、④腹囲計測10.3%、⑤血圧測定9.3%、⑥肝機能検査8.0%という内容でした（都産健協HP）。

この有所見者を従業員50人以上の規模の事業場と50人未満の事業場で比較したデータを見てみると、産業医がいる比率が高い50人以上の事業場に比べて、50人未満の小規模事業場のほうの有所見率がかなり高くなっています。

中小企業の経営者や担当者は、健康管理を行うスタート時点で、会社として抱えるリスクが大企業よりも大きいことを知らなければなりません。

　さらに、これらの有所見率を職域別で見てみましょう。男性、女性とも運輸業の有所見率が最も高く、続いて建設業が高くなっています。

　つまり、**運輸業、建設業**などで小規模事業場を経営している方は、実は大きなハンディ戦を強いられているのだといえるのではないでしょうか。

（佐藤）

図表3-12　職域における定期健康診断の規模別有所見率

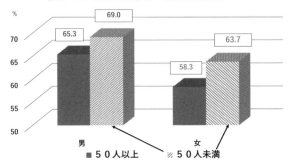

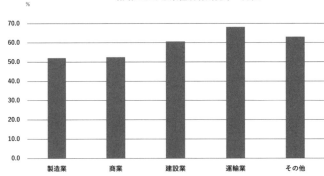

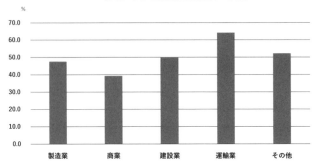

出典：東京都産業保健健康診断機関連絡協議会 2018 年（平成 30 年）資料

⑨ 50人未満の小規模事業場に朗報～　年間最大60万円までの助成金が受け取れます！

　全社で労働者50人未満の会社、または全社では労働者が50人を超えていても支店や営業所単位で労働者50人未満の事業場の場合、いずれの場合も労働者50人未満の1事業場あたり1年間に最大60万円の「**小規模事業場産業医活動助成金**」を受け取れる制度があります。産業医・保健師もしくは産業医・保健師を雇用するような病院や産業医業務を提供する専門業者と契約し、健康診断の結果を見て**就業判定（就労判定）**してもらい、**指導や教育**などを受けることで、例えば**産業医か保健師のコース**を契約すれば6か月当たり10万円（上限）×2回＝20万円（年）の、支払った実費が助成されます。初年度は産業医コースで20万円（上限）、次年度は保健師コースで20万円（上限、いずれも税込）などという選択も可能です。

　産業医コースまたは保健師コースのいずれかを契約したうえに、その医師または保健師に**労働者が直接健康相談できる環境を整備する**条項を含めて契約を締結し、労働者に周知した場合には、さらに上乗せして6か月継続ごとに10万円×2回＝20万円（年）（税込）の助成金を申請することも出来ます。

　健康診断結果がただ保管されているだけの事業者は、是非この助成金を受けて、法令違反にならないように一歩前に進んでください。労基署がいつ調査に来るかは誰にもわかりませんので、是正指導を受ける前に対応をしておいてください。

　もっと詳しく知りたい方は、独立行政法人労働者健康安全機構のホームページをご覧になるか、筆者が所属する株式会社日本産業医支援機構にご相談ください。　　　　　　　　　　　　（佐藤）

⑩ 健康管理の担当者に懲役または罰金も⁉　～労働者の心身の状態に関する情報の取扱いについての改正

　平成31年の労働安全衛生法の改正で、労働者の心身の状態に関する情報の取扱いについても改正が行われました（新安衛法第104条、新安衛則第98条ほか）。

　本社、支店、営業所、工場などそれぞれの事業場で健康診断の結果を取り扱う人も異なると思いますので、それに合わせて指針に書かれている「取扱規程に定めるべき事項」を厚生労働省から出されている規程例を参考にして担当者が原案を作成し、衛生委員会で討議したうえで社内の「健康情報の取扱規程」として整備しなければなりません。

　ただし、本社が作ったものを丸写しにする支店や営業所があるかもしれませんが、事業場の構成メンバーに違いがある場合は、誰がどこまで健康情報を扱ってよいかは事業場ごとに違ってきますので、よくよく検討しシミュレーションをしたうえで作成してください。

　そして、もう一つ、改正労働安全衛生法には健康管理の担当者にとって重要な変更があります。それは健康診断の結果や主治医や産業医の意見書など健康情報を扱う人に対して「**6か月以下の懲役又は50万円以下の罰金**」という厳しい**罰則付きの守秘義務**が課せられたことです。ストレスチェックの実施事務従事者と同じ責任が求められる仕事になりましたので、かなり取扱いに注意しなければなりません。社内で健康情報に触れることが考えられる関係者を集めてこの教育はしておくべきだと思われます。

図表 3-13　事業者が講ずるべき措置の厚労省の指針

> # 労働者の心身の状態に関する情報の適正な取扱い
> # のために事業者が講ずべき措置に関する指針
> ## 平成30年9月7日　労働者の心身の状態に関する情報の
> ## 適正な取扱い指針公示第1号
>
> （3）取扱規程に定めるべき事項
> 取扱規程に定めるべき事項は、具体的には以下のものが考えられる。
> ①心身の状態の情報を取り扱う目的及び取扱方法
> ②心身の状態の情報を取り扱う者及びその権限並びに取り扱う心身の状態の情報の範囲
> ③心身の状態の情報を取り扱う目的等の通知方法及び本人同意の取得方法
> ④心身の状態の情報の適正管理の方法
> ⑤心身の状態の情報の開示、訂正等（追加及び削除を含む。以下同じ。）及び使用停止等（消去及び第三者への提供の停止を含む。以下同じ。）の方法
> ⑥心身の状態の情報の第三者提供の方法
> ⑦事業承継、組織変更に伴う心身の状態の情報の引継ぎに関する事項
> ⑧心身の状態の情報の取扱いに関する苦情の処理
> ⑨取扱規程の労働者への周知の方法
> なお、②については、個々の事業場における心身の状態の情報を取り扱う目的や取り扱う体制等の状況に応じて、部署や職種ごとに、その権限及び取り扱う心身の状態の情報の範囲等を定めることが適切である。

図表 3-14　健康情報等の取扱規程例

健康情報等の取扱規程

　本取扱規程は、業務上知り得た従業員の心身の状態に関する情報（以下「健康情報等」という。）を適切かつ有効に取り扱うことを目的として定めるものである。

（目的）
第1条　●●●(社名又は事業場名)における業務上知り得た健康情報等は、「健康確保措置の実施」又は「安全配慮義務の履行」のために本取扱規程に則り、適切に取り扱う。
　2　健康情報等を取り扱う者は、あらかじめ従業員本人の同意を得ることなく、前項で定めた利用目的の達成に必要な範囲を越えて、健康情報等を取り扱ってはならない。ただし、個人情報保護法第16条3項の各号に該当する場合を除く。

（健康情報等）
第2条　健康情報等は別表1の内容を指す。

（健康情報等の取扱い）
第3条　「健康情報等の取扱い」とは、健康情報等に係る収集から保管、使用（第三者提供を含む。）、消去までの一連の措置を指し別表2のとおり定義する。

別表1：健康情報等を取り扱う者及びその権限並びに取り扱う健康情報等の範囲

＜常時使用する労働者が10人以上の事業場の例＞

健康情報等の種類	取り扱う者及びその権限			
	担当ア	担当イ	担当ウ	担当エ
① 安衛法第65条の2第1項の規定に基づき、会社が作業環境測定の結果の評価に基づいて、従業員の健康を保持するため必要があると認めたときに実施した健康診断の結果	△	○	△	△
①−1 上記の健康診断の受診・未受診の情報	◎	○	△	△
② 安衛法第66条の第1項から第4項までの規定に基づき会社が実施した健康診断の結果並びに安衛法第66条第5項及び第66条の2の規定に基づき従業員から提出された健康診断の結果	△	○	△	△
②−1 上記の健康診断を実施する際、会社が追加して行う健康診断による健康診断の結果	△	○	△	△
②−2 上記の健康診断の受診・未受診の情報	◎	○	△	△
③ 安衛法第66条の4の規定に基づき会社が医師又は歯科医師から聴取した意見及び第66条の5第1項の規定に基づき会社が講じた健康診断実施後の措置の内容	◎	○	△	△
④ 安衛法第66条の7の規定に基づき会社が実施した保健指導の内容	△	○	△	△
④−1 上記の保健指導の実施の有無	◎	○	△	△
⑤ 安衛法第66条の8第1項（第66条の8の2第1項、第66条の8の4第1項）の規定に基づき会社が実施した面接指導の結果及び同条第2項の規定に基づき従業員から提出された面接指導の結果	△		△	△
⑤−1 上記の労働者からの面接指導の申出の有無	◎	○	△	△
⑥ 安衛法第66条の8第4項（第66条の8の2第2項、第66条の8の4第2項）の規定に基づき会社が医師から聴取した意見及び同条第5項の規定に基づき会社が講じた面接指導実施後の措置の内容	◎	○	△	△
⑦ 安衛法第66条の9の規定に基づき会社が実施した面接指導又は面接指導に準ずる措置の結果	◎	○	△	△
⑧ 安衛法第66条の10第1項の規定に基づき会社が実施したストレスチェックの結果	△	○	△	△
⑨ 安衛法第66条の10第3項の規定に基づき会社が実施した面接指導の結果	△	○	△	△
⑨−1 上記の労働者からの面接指導の申出の有無	◎	○	△	△

別表2：健康情報等の取扱いに関する定義

方法の種類	具体的内容
収集	健康情報等を入手すること
保管	入手した健康情報等を保管すること
使用	健康情報等を取り扱う権限を有する者が、健康情報等を（閲覧を含めて）活用すること、また第三者に提供すること
加工	収集した健康情報等の他者への提供に当たり、当該健康情報等の取扱いの目的の達成に必要な範囲内で使用されるように変換すること。（例えば、健康診断の結果等をそのまま提供するのではなく、所見の有無や検査結果を踏まえ、医師の意見として置き換えることなど。）
消去	収集、保管、使用、加工した情報を削除するなどして使えないようにすること

出典：厚生労働省

図表 3-15　罰則と施行期日

罰則

（◆新安衛法◆第105条及び◆第119条関係）

新安衛法第105条に違反した者は、従前のとおり新安衛法第119条第1号の罰則の適用があるが、新安衛法第105条に規定する者に、新安衛法第66条の8の2第1項の規定による <u>面接指導の実施の事務に従事した者</u>を <u>追加</u>したものであること。

<u>六月以下の懲役又は五十万円以下の罰金</u>

施行期日

（◆整備法◆附則◆第1条関係）

産業医・産業保健機能の強化に係る改正規定の施行期日は、<u>平成31年4月1日</u>であること。

11　衛生委員会の基礎知識

（1）衛生委員会の委員構成と選出方法

　衛生委員会の議長は1人で、総括安全衛生管理者は、安全委員会のない会社では必要ありません。従って、事業を統括するレベルの方が議長になります（安全委員会については P.6 に記載）。

　その他の委員については、事業者が委員を指名することとされており、このうちの半数は労働組合または労働者の過半数を代表する者の推薦に基づき指名しなければなりません。希望者は非常に少ないため、組合、労働者の代表者に負担をかけないために、会社が候補をリストアップして同意を求め任命するやり方がよく行われています。

　議長は役員が務めるべきです。しかし衛生委員会に関心のある役員が少ないため、議長として役員を選出しても代理議長が多いのが現状です。職場の意見を幅広く吸い上げ、議論することが目的なので、性別、世代、職種、身分、就業場所等が異なる委員で構成されることが望ましいです。

　例えば、社内禁煙をやりましょうという話になったとき、委員の中に喫煙者がいなくて実行出来なかった経験があります。そんなことも考慮して幅広く委員を選ぶのが理想です。

　人数が多い事業場では、正社員だけでなくアルバイトや契約社員、派遣社員等の非正規社員もメンバーに加えることが望ましいといえます。衛生に関する経験の有無にかかわらず委員を選出するのが一般的です。オブザーバーとして会議を数回傍聴してもらった後、委員に昇格させる方法もあります。

　営業関係の委員が多いと欠席者が多くなりやすいので注意が必要です。欠席のときは代理出席も認めて、メンバーを補充するやり方もありますので、工夫してみてください。

　また、管理職は、衛生委員会の日程を考えて、委員となっている部下のスケジュールを管理すべきであり、衛生委員会という法的権威のある会議の欠席は上司の責任という意識を徹底すべきです。

図表3-16　（安全）衛生委員会の構成（例）

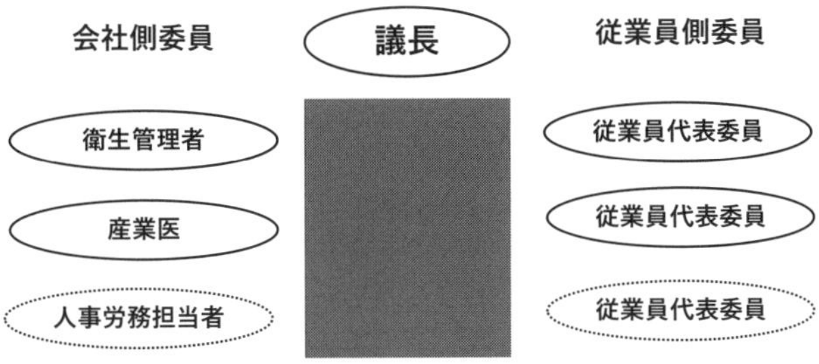

最低の委員数は議長を含めて5名となりますが、委員数に制限はありません。
会社側と従業員側の委員数は同じにします。意見が同数となった場合には
議長が参加して決議を行います。

（2）衛生委員会の委員数

　必要な人数は会社の事情に応じて決めることとなります。

　是非はさておき、法的な規定はありませんので、従業員1万人の大企業であっても5人の委員で構成されているところがあります。

・5人の例　従業員側に一般社員の参加はありますが、会社側には産業医を除くと衛生管理者しかいません（会社側：産業医・衛生管理者、従業員側：従業員2人、議長：会社役員等権限のある人　計5人）。

・7人の例　望ましい最低限の人員といえます（会社側：産業医・衛生管理者・健康管理スタッフ　従業員側：従業員3人、議長：会社役員等権限のある人　計7人）。

　義務付けはありませんが、委員会の運営や議事録の作成のため事務局を置くことが一般的です。ただし、事務局の担当者は、議決権はないこととなります。

（3）議事進行

　議事進行は、議長が出欠を取り、職場巡視の結果報告を受け、4S活動（整理・整頓・清潔・清掃）・職場環境の問題を洗い出し、改善に向けての議論・対策を立てていきます。前回の指摘事項が改善したかどうかを確認し、出来ていなければ議長が関係者に督促します。その後、休職者の状況や感染症患者が増えていないか確認し、場合によって注意喚起の方法を議論していきます。長時間労働に関する審議の後、あらかじめ決めた議題を討議し、産業医のコメント、講話、最後に次回の日程や議題を確認するといった流れが一般的です。

（4）年間の計画

　委員の構成が決まったら、最初に取り組むことは年度計画の策定です。出たとこ勝負で議論すると収拾がつかない会議になりかねませんので、一年をかけて計画的な活動をする必要があります。そのためには毎月の議題をあらかじめ決めておくことが重要になります。

　その議題の選定のポイントは、①毎月必ず議論しなくてはいけないもの、②季節的なもの、③一年に1回は取り上げなくてはいけないもの、の3種類に分けて、それぞれの月の議題を何個か決めることです。

(5) 議題・テーマ

　テーマは、会社の事情や業態に応じて決めることになります。特に重要性が高い長時間労働対策と、全員参加型の衛生委員会を目指すために4S活動を毎月取り上げ、それに加え季節的なテーマや、健康診断・メンタルヘルス・ストレスチェック・禁煙といった年に1回は必ず議論すべきもの、従業員の関心の高い腰痛や肩こり・腱鞘炎（VDT症候群）といった職業病を織り込んで年度計画を立てるのが一般的なやり方といえます。その事業場や仕事に特有の病気や症状、健康問題、安全上の課題を取り上げるべきです。

　例えばパソコン作業が多ければ肩こりや腱鞘炎、建設作業員であれば腰痛、繁華街の百貨店ではねずみ対策について、動物展示施設では動物に噛まれたときの応急処置について、警備会社では拳銃で撃たれたときの対応方法といった議題が挙げられます。出席者も関心を持って審議に参加できるでしょうし、委員会で対策が立てられる可能性があるからです。

　花粉症を議題にする事業場も少なくありませんが、普通の会社では仕事との関連性が殆どないため、こうした議題が多くなると、衛生委員会の開催意義を問われかねないと考えるべきです。業務や自社に関連が薄いテーマは程々にすべきですが、花粉症については林業・果樹園・作業場が杉林に近いといった事業場では優先度の高い議題といえます。

(6) お勧めの議題・テーマ

　ここで、お勧めの議題をいくつか紹介していきます。

　まずメンタルヘルスについてです。多くの職場で、うつ病などメンタルヘルスの不調を訴える社員が増えています。労災と認定されるケースも増えていますので、メンタルヘルス対策は衛生委員会での非常に大きな議題といえるでしょう。　職場の人間関係や職場環境の調整が必要な議題であり、時短だけで解決出来ないことも多いので、長時間労働対策と別の視点での審議が必要になります。

　メンタルヘルスに関連したストレスチェックは、法的に衛生委員会の審議が前提なので、必ず取り組むべき議題といえます。

　メンタルヘルス対策は、時短以外有効な施策がなく、衛生委員会でも手詰まり状態でしたが、ストレスチェックの集団分析というツールが利用出来ることになり、変化が起こりました。仕事のストレス判定図を使った職場環境の改善手法は非常に簡単で、かつわかりやすいので、これを使って話し合うことをお勧めしています。

　また、安全衛生は「4Sに始まり、4Sで終わる」といわれます。4Sは安全衛生に関する最も重要な社内活動といえますので、毎月の委員会の活動として、4Sにしっかり取り組みたいものです。

　職場巡視を実施して、書棚や机の整理の徹底を喚起すれば、見た目もすっきりしますし、仕事の効率も上がるでしょう。それだけでストレスは少なくなり、メンタルヘルスは向上します。さらに書類を法則性を持たせて整頓すれば、業務効率が向上し、時短の推進にもつながります。例えば、フォルダーの背にテープを斜めに貼り、テープの連続するべき位置に空きがあれば、どのフォルダーがないのか一目瞭然で、探す手間が省けます。また、使ったフォルダーは必ず所定の位置に戻されます。これだけで、かなりの時短になります。一歩進んでPCやメールの4Sも効果があると思います。

　このように、4Sは費用がかからず、効果のはっきりしている社員参加型の長時間労働対策・メン

タルヘルス対策・健康づくりといえます。危険職場は労災予防、事務職場は時短という視点で取り組むべきです。

　社内禁煙を進めれば、病気のリスクも軽減され、喫煙のための離席が減って業務は効率化し、時短の推進につながるはずです。たばこを吸わない社員のストレスもなくなるでしょう。

　また、社内禁煙は企業のイメージアップになり、たばこ嫌いの人材を集めやすくなります。分煙といわず、喫煙者の考えも尊重しつつ社内禁煙を目指したいものです。方法はいろいろあるので、年に一度は取り上げたい議題といえます。健康一番といいながら、人を整理するばかりで、ものを整理出来ない、たばこを止めろといえない経営者が多いのは本当に不思議です。

　そんな会社に限って、社会貢献と称して、近くの公園の清掃運動に熱心だったりします。なかなかメンタルヘルス・過重労働対策が上手くいかない会社は、4S から始めることをお勧めします。

　働き方改革も必ず論議すべき議題といえます。月 100 時間超え、月平均 80 時間超えの時間外労働は違法となります。しかし、多くの事業場で、長時間労働の問題は解消されていないのが実情です。生産性を上げ、労働時間を適正化させるためには、労使一体となって考え、全員で取り組むべきです。

　労災の認定基準は 1 月当たりの時間外労働時間であり、長時間労働者に対する医師による面接・指導も毎月実施されますが、時節によって事情が異なるので月単位で対策を立てる必要があります。ですから、長時間労働対策は毎月必ず審議すべき議題といえるわけです。36 協定は守られているのか、長時間労働者は医師面談指導を受けているか、サービス残業・生活残業のチェック、次月の時短に向けての施策などについて、労使がしっかり話し合うべきです。

　平成 31 年 4 月から義務化された年次有給休暇の年 5 日以上の取得、努力義務となったインターバル規制や同一労働同一賃金にどう取り組むかも大きなテーマになります。

　1 日の法定労働時間は 8 時間なので、社員は 1 日の 3 分の 1 を会社で過ごしていることになります。さらに睡眠時間や通勤時間を除いて計算すると、1 日の 2 分の 1 近くを会社で過ごしているのです。ですから職場内の衣食住を快適にすることは健康増進につながります。

　「衣」であったら制服・クールビズ、「食」は昼食・残業が多ければ夕食、「住」は空調・机・椅子・パソコンといった話題は社員の関心も高く、適切な議題といえるでしょう。空調機器・加湿器・マッサージチェア・休憩室の備品・自動販売機の購入などを衛生委員会で決めることが出来れば、社内での関心は自然と高まるので、衛生委員会として予算を計上しておくことが望ましいと考えます。また毎年、福利厚生として購入が決まっているような備品があれば、衛生委員会で審議して購入の決定権を持つようにすれば委員のモチベーションアップにもつながります。

（7）担当者が事前になすべきこと

　議題を決めるだけでは活発な審議は期待できません。担当者の方が事前になすべきことは、実効性のある、関心を持てる審議内容になるようなストーリーを考え、それに沿って準備することです。例えば、深夜勤というテーマがあれば、産業医と相談して、健康上好ましい夜勤シフトという審議内容を選び、それに関連した資料を準備しておくことをお勧めします。どうしたら身体に優しい勤務シフトが導入できるのかを論議し、その対策が立てられるようなシナリオを作り、会議に臨むことが委員会の内容充実につながります。事前に議長と事務局が打ち合わせをしている会社もあります。担当者は衛生委員会の脚本家・演出家だという意識を持つべきです。

（8）頻度・開催日時

　月1回以上開催することが法律上も必要になります。開催の日時は、委員が出席しやすく、また産業医の来社日と重なることが原則です。日時の決め方は、「第○水曜日の○時」といったようにあらかじめ日時を決める方法と、その都度次回の日時を相談する方法がありますが、開催日時を毎回変更してしまうと欠席者が増え、各委員のモチベーションが下がってしまう可能性がありますので注意が必要です。

　昼食を食べながら実施する事業場もありますが、原則として衛生委員会は休憩時間ではなく労働時間内に実施しなければいけません。また、委員会の審議時間に制約はありませんが、充実した審議やモチベーションを継続するために、私は30分程度を推奨しています。

　事業者は、委員会における議事の概要を社員に周知させなければならない義務があります。ただ個人情報やプライバシーに注意することが重要で、デリケートな意見については、発言者が特定されないような配慮が必要です。例えば「山田さんが社内禁煙を提案した」と掲載したら、山田さんはヘビースモーカーの上司に目を付けられるかもしれません。そのようなことがあれば、誰も委員会で発言しなくなります。議事録を作る際には注意すべきです。

　わかりやすく、正確に、簡単に、トラブルにならないよう、社員という読者を意識して作成すべきです。

（9）周知の方法

　周知の方法については休憩室等に貼り出したり、誰もが確認できるフォルダーに保存したり、メール配信、社内のイントラネットに掲載するといった方法が一般的です。

（10）活発な審議を行うためのポイント

　会議が活性化していない最大の理由は、出席者が衛生委員会の重要性を理解していないことです。委員会を活性化させるには、経営者の理解と参加が不可欠です。経営者自らが議長となって出席することで、社員は委員会の重要性を理解し、活発な議論が期待できます。

　しかし、私の経験上、安全と異なり衛生（委員会）に無関心な経営者が多いと思います。有能な経営者なら、参加が難しい場合は議事録を読み、委員会にメッセージを出すべきです。こういったことが実行出来ていないのが衛生委員会制度における最大の問題といえます。産業医の出席・職場巡視には厳しいが、経営者にとことん甘い監督官が多いのも問題といえます。

　また、レベルアップを図ることも効果的です。衛生管理者・社会保険労務士・産業カウンセラー・環境測定士といった資格を持った委員が増えれば、委員会も充実します。活性化に向けて、資格取得の推奨を行うべきです。参加・発言しやすい雰囲気作りとタイムリーな議題の選定も重要です。例えば、居眠り防止のため広い会議室を使わない、事務局や委員長が話しすぎない、といったことが挙げられます。事務局は委員から話を引き出すのが仕事で、事務局が必要以上に話さない会議が理想です。10年間120回皆勤なのに一言も発言なしという委員の方を何人か知っています。議長が各委員に必ず発言するよう促してください。

　担当者としては、話題を絞り、フリートーキングにせず、1時間以内に、理想は30分程度で終わる、しかも関心の高い議題を選定することなどを心掛けてください。衛生委員会はどうも単調で、同じような議題が多くて出席者にとって退屈な会議になりがちです。マンネリを打破するに

はどうしたらよいのでしょうか。テーマといえば、過重労働、メンタルヘルス、禁煙、健康診断、4S、感染症予防、職場環境の改善が定番ですが、これらの課題は、30分程度の議論で解決するような問題ではないので、繰り返し扱うべきといえます。その意味では議題はマンネリであるべきなので、議題を変えず、リフレッシュするためにはどうしたらいいのかをアドバイスします。

　これには専門家を招聘するのが効果的です。実効性のある論議が出来ないという背景の大きな原因には、議題に関して産業医を除き精通する委員が少ないという問題があります。気軽に依頼出来て、専門的な知識も得られるというメリットがあるので、マンネリを感じたら、こうした専門家をゲストとして呼ぶことをお勧めしています。

(11) 水平展開

　他の事業場からの情報も共有するといいでしょう。同じ仕事に従事している他の事業場と議事録を交換し、好事例を会議で取り上げるべきです。会社は垂直展開が多いところですが、衛生委員会は水平展開が重要です。似た問題を抱えた同業者からの情報も役に立つことがあります。同業者団体や健康保険組合で、衛生問題に関する勉強会や交流会を実施しているところも多いので、そうした会合でアイデアを得たり人脈を作る方法もあります。産業保健総合支援センターなどのご利用もお勧めします。

(12) 合同で実施する

　年数回、職場環境の似ている隣の会社、同じビル内にある他の会社と合同で実施するというやり方もあります。合同になるとメンバー数も増えるので、新鮮な気分でこれまでにない論議が出来るかもしれません。地方・地域や関連会社の担当者に、教育の意味で、オブザーバーとして参加してもらう方法もあります。委員が積極的に発言出来るような雰囲気を作るためには、議長・産業医・委員の親睦も重要です。私は顧問先に、夏や年末に委員の慰労も兼ねて夕方短めに会議を開き、その後に懇親会を実施することをお勧めしています。また、現状のコロナ禍においては、オンラインでの懇親会の実施も検討すべきです。

　打ち解けた雰囲気で議論をすれば、普段とは違ういろいろな本音が出て、マンネリを解消することが出来るでしょう。衛生委員会も暑気払い・忘年会・新年会などを実施すべきです。堅苦しい雰囲気でつまらない話を長時間聴くよりも、美味しいものを食べ、酒を呑みながら、話合いをするほうがはるかに有意義です。衛生委員会は、一定の決まりを守れば堅苦しく考える必要はない、と思います。必ず社内でやるという決まりはないし、お酒を呑んではいけないという法的な規制はありません。元気な職場を作るために何をすべきか、自由な雰囲気で、本音で語り合うことがよいのではないでしょうか。毎月は難しいと思いますが、年に一度くらいは考えてみてください。また、以下のような他の委員会と連携することも重要です。

① 安全委員会

　安全委員会の設置義務のない事業場であっても、安全衛生委員会として合同開催を推奨しています。危険職場がなくても、通勤中や社内でけがをすることもあります。注意喚起の場が必要ですし、議論の幅が広がります。安全と衛生の委員会がそれぞれ独立開催の事業場では相互の情報共有が重要ですので、議長や委員の併任、議事録の交換が望ましいといえます。

　義務としての安全委員会があるのは危険職場のある事業場ですので、安全に関する真剣な論議の

内容を知れば、衛生委員会の委員にとってインパクトがあるはずです。

② 4S・品質向上委員会

　4S・品質向上委員会などは製造業で設置しているところが多いと思います。事故防止・品質の
レベルアップが目的ですので、活発な論議がなされているはずです。そこと連携することは衛生委
員会にとてもよい刺激になります。

③ 役員会

　特に長時間労働に関する審議内容は、必ず役員会の議題とすべきです。役員会の反応を役員たる
議長がしっかり報告すれば、委員のモチベーションも高まります。

④ 労使委員会・労働時間等設定改善委員会

　変形労働時間制度は健康管理と密接な関係にあるため、衛生委員会と連携し取り組むべきです。
変形労働時間制を変更したいが衛生委員会の意見はどうか、と意見交換出来る関係はとても大事で
す。違う視点で長時間労働・メンタルヘルス対策の審議が可能になります。フレックスタイム制
は、私生活の事情・体調に応じて出社・退社時間を調整出来、通勤ラッシュを避けることも出来る
という、一見身体に優しい働き方に見えますが、朝寝坊が定常化し、夜型生活になりやすいリスク
があります。その結果、生活習慣病や不眠の引き金にもなりやすいとされています。

　また、フレックスタイム制だけでなくテレワークにもいえることですが、遅刻・早退という概念
が希薄になるので、メンタル不調者を見つけにくくなります。中小企業では暦日で月の所定労働時
間を決めることが多いので、休日の多い月も労働時間は他の月と変わりません。本来のんびり出来
るシーズンに、帰宅する時間が遅くなり、疲れやすいというような問題が起こります。

　1月は労働日が少ないので、残業が多くなります。休日ボケのうえ寒い中通勤すれば血圧も上が
るし、インフルエンザの流行期でもあるので、1月と2月は、所定労働時間を少なめにしないと病
人が出やすいといえます。フレックスは自由という言葉と引き換えに、健康を犠牲にした働き方と
もいえます。本当に導入すべきかどうか、継続してよいかどうか、衛生委員会で論議すべきです。

　労使委員会には健康に詳しい委員がいないのが、普通です。しっかりひも付けしないと、今後想
定される裁量労働制の拡大適応に社内の歯止めが利かなくなってしまうので注意が必要です。産業
医に相談なく、働き方を変えるべきではないというのが私の持論です。

（13）よくある質問、補足事項

① 産業医の出席

　事業者から指名された産業医は、衛生委員会の委員となります。産業医は、職場の巡視が義務付
けられていますが、衛生委員会への出席が義務付けられているわけではなく、他の委員と同じよう
に欠席が認められています。しかし、健康管理の専門家である産業医が出席すれば、有効なアドバ
イスを受けることが可能になり衛生委員会も充実した論議が期待出来ますので、出来る限り出席し
てもらうことが望ましいと思います。

　また、職場巡視の後、衛生委員会に出席して、その後いろいろな個人面談を行うという流れを作
りたいものです。職場巡視や委員会の出席に不慣れな産業医も多いので、趣旨をよく説明して産業
医が衛生委員会に溶け込めるような担当者の気配りが重要になるでしょう。

② 運営ルール

　衛生委員会の運営方法はさまざまですが、担当者が交代する都度、衛生委員会の運営方法が変

わってしまうという困った会社も少なくありません。いつの間にか産業医が出席出来なくなったり、開催回数が少なくなったりすることもあります。新設の営業所や子会社が、本社の指示待ちになって動けないことも心配しておくべきです。そのようなことにならないよう、大まかでよいのでルールを作る必要があります。

　ルールのひな型が労働局のサイトで提供されていますので、それを利用する方法が一般的です（例：東京労働局のサイトでは「安全衛生委員会規程」がダウンロードできます）。既に規程がある会社であっても、ストレスチェックや個人情報の保護規程等が改正安衛法に対応できる内容になっているのか、一度点検することをお勧めします。

　そして、衛生委員会を上手に運営するために一番大事なことは、担当者のモチベーションであることを強調したいと思います。委員の関心が薄いため、事務局が手を抜けば抜くほど委員から喜ばれるといった皮肉な結果になりがちなので、事務局の責任は重いと考えてください。衛生委員会は従業員の命を守る会議であり、やりがいのある仕事と考えてプライドを持って実務に当たってもらいたいものです。事前準備が特に重要で、興味深い資料が用意出来るかがポイントです。担当者は焦らず、じっくり関係者をリードしてほしいと思います。

（下村）

12　衛生委員会の上手な開き方

　会社は会議の多い社会集団といえます。会議に参加し、発言することはビジネスパーソンにとって非常に重要な仕事です。

　しかし調べてみると、法的に開催が義務付けられている会議は役員会・株主総会・衛生委員会等であって、実は非常に少ないのです。

　私は嘱託産業医として、毎日のようにいろいろな衛生委員会に出席していますので、その経験から言いますと、衛生委員会は低調になりがちと感じています。

　上記のように法的権威を持ち、本来は充実した内容であるべき衛生委員会が、一番退屈な会議という会社は少なくないのが実態でしょう。

　平成27年12月より実施が義務化されたストレスチェックでは、衛生委員会が調査審議することがストレスチェック実施の前提になっています。企業の健康配慮義務も重視され、働き方改革も本格始動していますので、その重要度もますます高まり、実効性のある運営ノウハウの蓄積と活性化が求められています。

　書籍やネット上で衛生委員会に関するいろいろな記事が出ていますが、あまりピンとくるものはありません。それは衛生委員会に出席した経験のあまりない方が、法律論だけを書いているからかもしれません。参考書や記事は同じような内容になりやすく、実務で参考になるものは少ないと思います。

　衛生委員会を立ち上げたい、充実した会議にしたいと考えている方のために、本書では30年間いろいろな衛生委員会の委員を務めた経験を基に、衛生委員会の基礎知識から活性化に向けた実務的ノウハウまでを紹介していきます。

　衛生委員会が活性化しない大きな理由は、なぜ衛生委員会が必要なのかを関係者が理解できてい

ないからです。これから衛生委員会の基礎知識、最低限押さえるべき決まりごと、勘違いしがちなところについて解説します。

（1）重要性を増す衛生委員会の活性化

　衛生委員会を有意義な会議にするためには、担当者が関係者に重要性を啓蒙していくことが大事です。法律で決まっているからというだけでは、モチベーションは上がりません。経営者と従業員に説得力のある話をする必要があります。

　安全衛生の関係者は、「安全配慮から健康配慮の時代になった」ことをしっかり認識すべきです。戦後の日本企業は、製品の量産化に追われ、設備投資は積極的に行われましたが、多くの職場で安全衛生面への配慮は後回しになり、じん肺・職業がんなどの職業性疾病、労災が多発しました。その対策として、労働者の安全と健康を守るために法律の仕組みが整備されました。昭和47年に制定された労働安全衛生法の当初の対象は建設現場などの危険な場所、じん肺のおそれがある作業場、有機溶剤・特殊化学物質・鉛など有害物質を取り扱う職場であり、安全中心の対策でスタートしました。

　さまざまな取組みの結果、悲惨な事故や職業中毒は減少していきました。最盛期に毎年6,000人以上あった労災事故死亡者は、公共事業が増えているにもかかわらず、平成31／令和1年には845人にまで減少しました（労働災害発生状況より）。

　その後1990年代からは、過重労働の問題が浮上し、「過労死や過労自殺」が新たな社会問題となり、健康配慮にも真剣に取り組む時代となりました。過労死・自殺は年間200人を超え、やがて労災死亡は、けがではなく、病気の時代になる可能性が出てきました。

　これらの問題の多くは、長時間労働や、パワハラ・セクハラ・いじめが原因といえると思います。安全・衛生における「有害物質」が、これまでの有機溶剤・特殊化学物質・鉛などから、労働時間や人間関係に変わったことを踏まえると、これからの危険職場は「労働時間が長いか、不規則」「人間関係が悪い」事業場と考える必要があります。こうした論議の場である衛生委員会の重要性は高まっているわけです。新しい時代の危険職場になる可能性があるからこそ、衛生問題を審議しなくてはいけない時代になったことを押さえておけば、参加者の熱意は自ずと上がるでしょう。

　近年、突然の病気の発作、てんかんの不十分な治療、睡眠不足、体調不良によって業務中の重大死亡事故や交通事故が頻発して、大きな社会問題となっており、ブルーワーカーのしっかりとした健康管理が求められるようになりました。安全対策においては、不安全行動や設備の問題に目を奪われがちですが、被災者の持病の有無、体調、年齢といった事柄に関心を持つことで原因究明や社内対策が出来る場合もあります。

　5S（4Sにしつけを加えて5S）活動、ヒヤリ・ハットとKY（危険予知）活動、リスクアセスメントといった安全活動の手法に加えて、衛生問題と連動した活動の重要性は高まっていますので、危険職場を抱えた会社の安全管理者は、社内に「健康なくして安全なし」という意識を徹底し、衛生委員会と連携した安全対策を考えるべきです。

　健康管理の徹底は、効果の高い、最も新しい安全対策のツールといえます。安全衛生委員会に熱心な製造業においても、委員会の話題は安全中心で、衛生については手薄なところが多いのですが、健康管理に関する議題をもっと増やす必要があるのではないでしょうか。

　衛生委員会の活性化が求められる大きな理由に、沢山の健康管理上の課題が、多くの会社で手つかずに放置されていることがあります。これらの課題は、過労死・自殺・重大事故・労災と密接な関係があります。対応出来る会社は限られており、問題意識すら持っていない会社も多いと思います。

　しっかり考えておかないと、近い将来、病人・けが人・労災だらけのブラック企業になってしまう可能性があります。対策を立てるためには、労使だけでなく、産業医を交えてしっかり論議する必要があります。

（2）衛生委員会の活用

　次に、これらの課題を解決するためにどう衛生委員会を活用すべきか、テーマ別に話を進めます。

　今や過重労働対策は、大きな社会問題です。働き方改革に対応した労務・健康管理が求められています。どう時短を進め、正社員と非正規社員の格差を是正しつつ、業績を伸ばしていくべきでしょうか。

　早く帰れというだけでは、問題は解決出来ません。担当者の方がやきもきしているだけで、社内で話合いが出来ている会社は少ないと思います。早急に労使が真剣に論議する必要があります。

① 労働組合・社員会

　労働組合・社員会にとっても、衛生委員会の重要性は高まっているでしょうし、労働組合・社員会が過重労働を見て見ぬ振りをすることは今後は許されません。事実、過労死問題で組合の責任も追及しようという動きがあります。

　「高い組合費を払っているのに、何もしてくれない」と不満を持っている社員は少なくないと思います。（安全）衛生委員会は組合にとって、責任を果たすための大事な会議です。しかも法定で年12回の開催が義務付けられています。労働組合は過重労働断固反対と主張して、議事録に残し実績を作るべきだと思います。

② 精神疾患の患者

　精神疾患の患者はこの15年間で約200万人増えています。特に、ビジネスパーソンの精神疾患が爆発的に増加しています。精神疾患患者特有の不安定な労務の提供を上手に受け取るノウハウが会社側に必要になります。「メンタルヘルスの実務の聖書」ともいえるのが就業規則です。就労をどのような形でどこまで認めるのか、産業医の考えも聞き、就業規則に反映させるべきです。

　本人から、「なぜ復職出来ないのか」と聞かれた場合には、「皆で決めた規則だから」と答えることが出来ます。しっかりした就業規則や規程があれば、上手なメンタル対応が可能になります。衛生委員会は、こうした場として利用することが出来るのです。

③ 非正規雇用

　非正規雇用は4割を超え、もうすぐ2人に1人は正社員ではない時代が到来します。健康保健証を持っていない人もいるなど、健診はもちろん、必要な治療を受けていない人が多い傾向にあります。アルバイト社員はダブルワーカーやトリプルワーカーも少なくありません。短時間勤務であっても疲労が蓄積している方もいます。派遣社員の健康管理は、派遣元で実施するのが原則です。しかし、派遣元と派遣先の双方が責任を押しつけ合って手つかず、といった派遣社員は多いと思います。病気・私生活に関して、顔の見えない社員が増えていることは、健康管理上とても不安です。

非正規社員は、正社員よりも病気になりやすく、けがもしやすい、労災が多いと考えるべきです。現在の働き方改革では、猶予措置のある零細派遣会社の社員や縛りの弱いアルバイトにしわ寄せが来る可能性があります。そんなことにならないよう、非正規社員と長時間労働・健康管理について話し合いの場を作るべきです。

④　障害者雇用・高齢者雇用

　50人以上の事業所に障害者が1人働いているのが当たり前の時代になりました。官庁のデータねつ造問題でわかるとおり、健康かつ安全にしっかり仕事が出来る障害者は非常に少ないのが実情です。自社に定着してもらうためには、障害に配慮した働き方を提供出来るよう、職場環境の調査・審議機関が必要になります。

　少子高齢化に伴い、シニアに頑張って働いてもらいたいと考える会社が増えています。高齢者は視力や聴力が弱く、注意力も散漫になりがちですので、50代からの健康管理の強化だけでなく、高齢者でも安心して働けるような環境整備が必要です。職場巡視をして、けがをしやすい場所があるかどうか確認し、対策を立てるべきです。障害者、高齢者の就労を支援するためには、バリアフリーが不可欠です。ホワイトカラーの多い職場には安全委員会はありませんので、これも衛生委員会の仕事です。また高齢者は体調を崩しやすく健康起因事故を起こしやすいので、安全委員会のある危険職場を抱えた職場こそ、しっかりとした衛生の視点での論議の場が必要です。

⑤　高齢化とがん

　社員の高齢化に伴い、がんになる社員が急増しています。がんになった社員への就労支援は、厚労省の推進テーマである「治療と仕事の両立」にぴったりのテーマです。行政は今後がん患者の就労支援に関して、推進施策を打ち出してくることが予想されます。がんになっても働ける職場を作るためにはどうすべきか、働き盛りにはもちろん、シニア世代にも切実な問題です。会社が一方的に決めるのでなく、労使が話し合って、短時間勤務や治療休暇制度が出来ないのかなど議論内容を就業規則に生かして、企業の実情に沿った対策を立てるべきです。

⑥　外国人雇用

　コンビニ・小売店・外食チェーンで働く外国人をよく見かけるようになりました。出入国管理法が改正・施行されたため、今後、外国人労働者が増えることは間違いありません。気候・食事・言葉・習慣の違う日本で働いてもらうためには、いろいろな気配りが求められています。

　出身国ごとに対応を考える必要があります。同じ国であっても、職種・身分も考慮すべきです。配慮すべきことは多岐にわたります。健診・ストレスチェック・長時間労働者面談は外国語で実施出来るのでしょうか。健康管理も日本人より難しいと考えるべきです。私は都内でインド系の外資系企業の産業医をしています。以前、猛暑でインド出身の方々が体調を崩して何人か母国に帰り、戻って来なかったことがありました。日本の夏は過酷で、人の住むところではないと言われたそうです。インド人の方なら、夏も大丈夫と思っていたのが失敗でした。外国人労働者の健康上の悩みを聴くことが大事ということを教えられました。どう配慮すべきか、外国人の方にも委員になってもらって論議すべきです。

　産業医や担当者の方がいくら頑張っても、肝心の経営者・社員の参加がなければ、ストレスの少ない健康的かつ安全な職場は作れません。少子高齢化社会を迎え、社員の高齢化が進んでいます。子育てや介護等で不規則な生活になりがちな社員、健康に関して顔の見えない非正規社員、障害を

持った社員や外国人労働者が今後増えることは間違いありません。産業医の視点で考えると、病気になりやすく、けがをしやすい社員が今後急増することが予想されます。

　経営者・社員が真剣に、職場の事情に詳しい医師と共に、労働時間・人間関係・職場のストレス・健康管理について定期的に論議する、衛生委員会は、労働者の命を守る重要な会議といえます。

　このような考え方を社内に徹底することが、衛生委員会の活性化につながると思います。といっても忙しい社員にとっては、衛生委員会に関わっている暇はないというのが本音だと思います。しかし、若い世代のメンタル不全は非常に増え、心配しているご両親は多いはずです。それを忘れないようにしてください。私は会社のホームページに衛生委員会の様子を紹介することを顧問先にお勧めしています。過重労働に敏感になっているご家族・学生が多いので、こうした掲載があれば優秀な人材を集めやすくなるでしょう。衛生委員会を活性化することによって、社員やご家族に、安心して働ける職場・ホワイト企業であるということを PR することが出来ます。

（下村）

13　職場の感染症対策

　新型コロナウイルス肺炎が、世界中で猛威を振るっています。会社においても、イベントの中止・出張の制限・体調不良者への対応等、事業活動にさまざまな影響が出ています。

　コロナウイルスで人に感染を引き起こすものは、これまで 6 種類が報告されています。深刻な疾患として、SARS・MARS が知られていますが、日本では流行しませんでした。今回の新型コロナウイルス肺炎が我が国でも流行した背景には、海外との、イン・アウトバウンドの急激な増加によって、海外で流行する感染症に対する防疫が難しくなったことがあります。

　東京オリンピック・パラリンピックの開催（予定）や海外諸国との交流が活発になることによって、今後さらなる感染症が日本で流行する可能性があります。企業は、**コロナだけでなく、新しい感染症対策を立てる必要が**あります。

（1）感染症の基礎知識
　感染ルートにはいろいろありますが、職場で問題になるのは、**空気・飛沫・接触感染**です。特に空気感染は、感染力が非常に強いので注意が必要です。

　感染とは、病原体が身体に侵入して、**保菌が成立した**ということです。発熱・咳といった病気の症状が現れることを**発病**といい、治療が必要な状態といえます。

　病気になるか、病原体が排除され、発症しないでいられるかどうかは、ウイルスや細菌の量や力と、身体が持っている抵抗力・免疫力のどちらが強いかで決まります。急性感染症では、この勝負の期間が長年の経験からわかっていて、これを**潜伏期間**といいます。症状が現れていなくても、感染者は周りの人にうつす可能性があるため、潜伏期間は自宅待機しなければならないというのはこうした根拠によります。

　インフルエンザの潜伏期間は長くても 4 日ですが、新型コロナウイルスは、2 週間といわれています。対応が厄介になっている最大の原因です。

(2) 予防と対策

究極の予防対策が、予防接種です。新型コロナウイルスではまだ発売されていませんが、多くの感染症に対するワクチンが開発されています。病気の国際化が進む中、予防接種の未接種がある場合は、是非受けておきたいものです。

麻疹・風疹・耳下腺炎・帯状疱疹・肺炎球菌など**効果が確実に望めるもの**を中心に、会社でも啓蒙すべきです。一部の感染症では、予防接種に公的な補助が出ますので、それを活用したいものです。

喫煙室は、感染の成立しやすい危険箇所です。予防接種をしないヘビースモーカーが、マスクや手洗いと騒ぐ姿は、順序も対策も間違っています。社内禁煙は、感染症だけでなく、がん・心臓病・脳卒中予防に大きな効果があることははっきりしています。**禁煙活動の推進は、同時に効果のある感染症対策**です。

喫煙室の設置等の空間分煙は着実に進んでいますが、就業時間中の喫煙を認めている会社が多いのは問題です。病人を増やすだけでなく、業務効率の低下、人件費の増加につながります。就業時間中は禁煙をすべきです。社員の喫煙は、企業・社員にとって莫大な損失につながっていることを認識すべきです。是非、経営者が率先して、社員に啓蒙してもらいたいものです。

新型コロナウイルス感染症は、高齢者、糖尿病・心臓病・脳卒中・がんといった持病のある方が重症化しやすいといわれていますので、流行時は仕事の負担の軽減も重要です。

通勤時の感染を防ぐために、時差出勤・在宅勤務・時短勤務を推進する企業も増えています。

コロナ禍が治まっても、新しい感染症予防の一環として、働き方改革は継続すべきでしょう。今回の災害は、これまで出来なかった大胆な働き方改革の実験場ともいえます。是非この機会を活用してください。

(3) 出社基準

たとえ病気が治ったと本人が言っても、感染症にり患した社員の出社をすぐに認めることは出来ません。

職場では、**学校保健安全法の登校基準に従う**のが一般的です。SARS・MARS・エボラ出血熱・新型コロナ感染症・結核のような、重篤性の高い疾患は、**第一種**に分類されて、厚生労働省がフォローしていますので、その指示に従うべきです。

第二種・第三種に関しては、具体的な条件が決まっていますので、それを参考にして決めるのが無難です。その他の感染症は、ケースバイケースの対応になりますので、主治医・産業医に相談して対応してください。

（下村）

14　感染症対策と経営者の判断

　感染症対策は企業・団体の BCP（事業継続計画）には欠かせないものの一つです。今後も新しいタイプの感染症などが発生する可能性がありますので、新型コロナウイルス感染症の場合を例にとって、一般社団法人日本渡航医学会と公益社団法人日本産業衛生学会の海外勤務健康管理研究会の共同文書で提供された新型コロナウイルス感染症情報を参考にしながら、対策のポイントについて考えてみましょう。

　新型コロナウイルス対策に関しては、日本産業衛生学会のホームページに「職域のための　新型コロナウイルス感染症ガイド」第 3 版　作成日 2020 年 8 月 11 日として詳しく掲載されています。
https://www.sanei.or.jp/images/contents/416/COVID-19guide0811koukai.pdf

（1）感染症対応として求められる人事施策
　従業員が自宅待機を余儀なくされるケースや、家族の看病や子どもの学校の休校措置のため出社できないケースが想定されます。このような場合には例外的な人事施策の運用が求められますので、人事労務上の課題を事前に整理しておかなければなりません。

　それと同時に、検討した内容を事前に社内外に通知するタイミングのルールを決める、誰が責任をもって通知をするのかなど社内体制の整備も必要となります。

（2）事前に整理が必要な人事労務上の課題
自宅待機中の従業員に対する給与の取扱い　⇒　無給とするか有給とするか
健康弱者（慢性疾患のある者・高年齢労働者）への配慮　⇒　流行時の出社の免除を行うのか
　（同時に、ハイリスク者が安心して申し出が出来る社内での仕組みを構築しておくこと）
学校の休校への対策　⇒　シフトの変更、短時間勤務などの導入 、国から補償がある場合の対応
通勤への配慮　⇒　時差出勤、在宅勤務の導入、臨時オフィスやサテライトオフィスの利用
社内感染防止　⇒　従業員を半数に分けて日々交代で出勤し、残りは在宅勤務、午前班と午後班に分かれての勤務（例えば午前班は 8:00〜13:00、全員退社後、午後班は 14:00〜19:00 など）
事業縮小や操業の一時停止　⇒　事業の経営やクライアントへの影響度などの分析に基づく、部門別の業務の縮小や停止の判断基準の作成
流行時にも出社する従業員への配慮　⇒　危険手当等の適用の有無とその適用基準
在宅勤務に必要な環境の整備（通信環境）　⇒　どの業務なら在宅勤務が可能かの検討と環境整備コスト（通信費用）の試算

（3）感染者及び濃厚接触者への対応
　感染者や濃厚接触者が発生した場合には、保健所もしくは医療機関の指示に従うことが原則ですが、流行が拡大し保健所や医療機関からの具体的な指示が得られにくい状況が生じる可能性があります。そのような事態に備えて会社が独自に対応手順を予め定めておきましょう。

（例）従業員が感染した場合

- 従業員の感染が確認された場合、保健所や医療機関の指示に従い、一定期間の入院治療を行う。
- 当該従業員の自宅待機期間は保健所や医療機関の指示に従う。
- 従業員に対して自宅待機などを命じる場合には、感染症法、労働基準法、労働安全衛生法や自社の就業規則等に基づいた対応を行うこと。
- 回復してからもウイルスを排出するという報告があるため、飛沫感染を予防するためにマスクの着用を義務付け、体調を確認しながら復帰させること。
- PCR 検査は限界があり偽陰性（陽性なのに陰性と判断すること）が発生することは否定できない。そのため PCR 検査の結果を絶対的な基準としてはいけない。
- 復帰する従業員が医療機関に「陰性証明や治癒証明」を求めたり、会社が復帰する従業員に「陰性証明や治癒証明」の提出を指示したりしてはいけない。診療に過剰な負担がかかり、医療機能が低下することを避けなければならない。また、現状の PCR 検査の感度は約 70％とも言われているので、それを考慮すると約 30％の人が偽陰性の可能性も考えられるので、100％の陰性証明とは言い切れないともいわれている。

＜企業の法的対策＞

　状況に適した安全対策と事業経営の継続を両立させるために必要なことを考えます。

　一般企業の法的対策として重要なポイントは、①従業員、取引先、顧客等に対する安全対策（安全配慮義務、労働契約法第 5 条、民法第 415 条）の遵守と②事業の継続に関する注意義務（取締役等の善管注意義務、会社法第 330 条、民法第 644 条）の履行のいずれについても対応をしなければならないという点です。つまり、会社は、①従業員や利用客の安全対策は当然、十分に尽くさなければならないが、一方で、②株主や社会的要請に応えるために企業の重要事業については事業を継続する、という観点も法的な義務として求められているという難しい問題です。従って、適切な情報を得ることなく安易に事業を継続して安全対策を怠ることがあってはいけないし、その逆に、事業継続を慎重に検討することもなく長期に業務を中断することも、企業としては取締役の善管注意義務に違反するとの指摘を受けることとなり得ます。そこで、この方向性が異なるように思われる 2 つの法的な義務を適切に履行してゆくため、以下のような観点から企業の対応を十分に検討する必要があります。

① 重要業務の再検証

　例えば新型コロナウイルスの国内外での感染が拡大している事態になると、企業内での蔓延を防止する必要性から、業務の一時中断（自粛）を検討せざるを得なくなる。その際には、"中断すべき業務"、"継続すべき重要業務"のいずれについても、当該業務の細分化の可能性を検証し、「ただちに中止」から「継続」までの数段階のランク付けを実施し、状況の変化にきめ細かく対応出来る体制を構築することが求められる。

② 顧客向けの対応と、説明すべき内容の準備・実施

　企業は、顧客から、安全対策と業務の継続の両方の観点からの問合わせを受けることとなるため、かかることを想定し、その対応等が適切に実施できるか、ホームページの活用を含め広報体制を広報部署、ホームページ管理者らと確認することが重要となる。併せて、急な業務中断はトラブ

ルを招くことになるので、今後の業務の中止（延期）の可能性、継続業務の実施の予告等についても検討することが重要となる。

③ 従業員、顧客等に向けた対応と説明

　企業は、従業員や顧客等の安全に配慮すると共に、事業の持続的存続や社会的な要請に応じて事業を継続することを求められる。この難しい局面を的確に乗り切るためには、重要業務に携わる従業員や労働組合、サプライチェーン等の関連業者と、その確実な実施のために協力関係を適切に構築することが必須となる。関係者に対しては企業としての対応を説明する機会などを設けることが求められる。また、企業にとっても、国内蔓延期における出勤に関する安全対策や交代出勤・時差出勤の対応などの実施を検討することがいろいろな場面で応用出来て有益となるはずである。同時に取引先等に対しては、共に事業継続が出来るようにするために、感染予防マニュアルやマスク・手指消毒液などの提供など、感染防止対策に関する協力・支援を実施することも検討しておくべきである。

④ 産業医との連携

　企業は、従業員への安全配慮義務を尽くすため、産業医や産業保健スタッフ等から医学的な情報提供や意見を求めるなど専門的な支援を仰ぐことが重要である。自社の産業医等との情報共有を企業側からどんどん推進し、同時に産業医等に対しては、企業側の対策に関する協力体制を構築するように事前に求めておくべきである。

⑤ 自社の内部統制の確認

　企業は、これらの取組みを通じて、経営陣から従業員（産業医ら産業保健スタッフを含む）までのリスク対応に関する意思の疎通（内部統制）を確認し、不十分な点については修正を実施していかなければならない。

⑥ 新型コロナウイルス感染症対策本部（仮称）の設置

　すべての意思決定を早急に行うために、段階に合わせて「新型コロナウイルス感染症対策本部」を設置し対応に当たることが望ましい。事業主、人事労務担当者、危機管理担当者、広報担当者、法務担当者および産業保健担当者（産業医・産業保健スタッフ）などで構成される組織である。また、新型コロナウイルスに対するワクチンが十分に用意され、ワクチン接種の効果が確認されるまでは対策本部は残すべきである。

　以上の諸点を実施するためには、従業員、労働組合、産業医や取引先等との間で感染症対策について話し合い、連携について確認をすることが求められます。さらに、接触感染・飛沫感染だけでなく事業場内ではエアロゾルなどによる空気感染も否定出来ないとされてきたので、換気の方法、機械換気の流量なども検討していかなければなりません。従って、ビル管理会社および同一ビルの他テナント企業とも協力しあうことがとても重要となります。感染症が脅威となったこの時代、各々が立場を越えた有益な議論が出来るはずなので、効率的な対策を行うことが出来るはずだと思います。

（佐藤）

第4章

中小企業とメンタルヘルス

① 200万人増えた精神疾患患者

　日本には、精神疾患患者が何人いるかご存じでしょうか？厚生労働省による患者調査という統計によれば、精神疾患の患者の数は、私が産業医を始めた平成11年で200万人程度でした。平成20年は320万人、つまり10年間で120万人増え、大変大きな話題になりました。患者調査とは、医療機関から保険組合に出される請求書（レセプト）を集計したもので、かなり正確な数字が出ますが、集計に時間がかかるため3年に一度発表されるものです。

　さすがに過剰診療では、と心ある精神科医から反省の声が出ました。平成23年には330万人と高止まりして、これ以上増えないだろうと考えられていました。ところが、次の調査の平成26年に衝撃的な数字が出たのです。患者数390万人。3年間で60万人も増加しました。約20年間で倍増、その8割以上が外来患者で、うつ病、不安障害・ストレス関連疾患といった精神疾患が急増しています。ビジネスパーソンのメンタルヘルス不全といえば、そのような病気が多くなります。200万人増えた患者の中には非常に多くのビジネスパーソンが含まれていることは間違いありません。

　今後は働き方改革と新型コロナウイルスの影響によるIT化の流れによって、生産性を高める働き方が多くの会社で取り入れられることは確実と思われます。社員のストレスも高まり、メンタルヘルスはますます悪化することが予想されます。不安定な労務に対応した上手な労務・健康管理が求められます。精神疾患の場合は長期間にわたり、断続的に欠勤したり、出勤はするが不完全な仕事しか出来ないという状態が多くなります。精神疾患では遅刻や早退もありの中途半端な就労を最大限認めてほしいというのが、本人と主治医の本音です。従って、主治医に解決策を求めるのは難しいと考えるべきです。しかし、放置すれば、同じ職場で働いている社員に悪い影響を及ぼしかねません。なんとかしてほしいという企業からの相談は増える一方です。

　解決策の一つに、就業規則の改正があります。継続して業務を1か月休むと休職を命じることが出来ると規程にあると、なかなか休職にすることが出来ません。しかし、「継続」という規程を「通算」と代えると、お休みしてもらいやすくなります。また、通算して、1月に5日以上病気で休業するときは医師の診断書が必要としておくと医者に行ってもらいやすくなります。

　時間管理の徹底も重要です。かつて、私の勤務していた鉄道会社は、ダイヤに従って仕事をするため大変時間に厳しいところでした。残業も少なく、時間管理がとにかく徹底していました。そのため、中途半端に来たり休んだりする社員は医者に行くようになる雰囲気があり、中途半端な就労への対応で悩むことはありませんでした。変形労働時間制・裁量労働制・深夜労働・過重労働・見なし労働といった制度の中では遅刻を繰り返す（イコールなんらかの不調がある）従業員が目立たなくなってしまい、不調者を見つけにくくなるといえます。

　通勤の緩和やメンタルヘルス対策として、始業時間を遅らせたり、フレックス制度を導入する企業も少なくありません。自律した働き方が出来る社員には生産性が上がってよい面もありますが、起床時間と始業時間の間隔が長くなることで疲れやすくなり、食生活が乱れる人もいます。帰宅時間が遅くなることによって、リフレッシュすることが難しくなり、睡眠時間も短くなりやすいということもあります。こうした働き方は、生活習慣病やうつ病の原因ともなる不健康な働き方の一因になりがちなことも、覚えておいてください。

　人の集中力は起床時から徐々に高まり、昼12時過ぎから午後3時、4時にピークが訪れます。その後は、どんどん集中力が下降するので、残業をすれば効率は悪くなり、深夜の飲食は睡眠障害や肥満の原因にもなります。一日の労働時間を極端に変形させるとメンタルヘルスは悪くなると考えられます。業務の特性上難しい場合もあるかもしれませんが、経営者がメンタルヘルスでまず取り組むべきことは、社員が規則正しい生活が出来るような労働時間制度を作ることです。経営者が時間に誠実であれば、過重労働や遅刻や半日勤務を繰り返すなどの中途半端な就労はなくなり、メンタルヘルスは確実によくなるのです。

　次に、中途半端な就労を繰り返す社員にどう対応すべきか考えてみたいと思います。主治医との連携はとても大事です。「就業しても問題ない」という診断書をもらってから仕事に復帰させるべきです。また、うつ病には遅刻が付きものといえます。退社時間を遅らせたり、休日に出勤をさせたりして帳尻を合わせている職場も少なくありません。こうした働き方は、メンタルヘルス不全を助長させる可能性が高いといえます。大幅に遅刻して夕方出社するようであっても、「明日遅刻しないよう、定時で帰りなさい」という姿勢が大事です。帰宅時間が定まれば、睡眠が取りやすくなり、遅刻が少なくなる効果があります。

　どんなに職位の高い方であっても、精神的に体調を崩したら裁量労働は外し定時出社・退社を原則として、体調の回復を待つことが原則です。健康管理で起きる問題の多くは、人事担当者が長時間労働・中途半端な労働時間をコントロール出来ないことによって起きます。厚労省「平成29年度版過労死等防止対策白書」の中の、民間企業で働く人に聞いたアンケート調査によると、「労働時間を正確に把握すること」と「残業手当を全額支給すること」が、労働時間の適正化、メンタルヘルスの良好化に一番つながることが示唆されています。「遅刻と届出ない残業を許すことは悪いこと」という考え方を労使に徹底することが、健康管理のロイヤルロードといえます。

（下村）

② 若手社員の健康管理とメンタルヘルス

（1）早期対応の重要性

　最近、入社早々精神的に体調を崩す社員が増えています。顧問先の内定研修でメンタル不全となってしまった学生のフォローを引き受けましたが、この方は結局、入社式に出席出来ませんでした。

　少子高齢化の中、若い労働者は金の卵ともいえます。早期のメンタルヘルスや健康教育の重要性を肌で感じました。高年齢者雇用安定法が改正され、令和7年度までに65歳までの雇用延長をすることが、企業に義務付けられました。今後年金財政の悪化により、定年がさらに延長されることが予想されています。日本の会社は、かつて日本的経営といわれた年功序列と終身雇用制を放棄してしまいました。国際社会の競争に生き残るため、会社も厳しい格差社会になっているといわれます。

　これからのビジネスパーソンはより長期間にわたり、よりハードに働くことが求められています。最近の短期集中型の就職活動は、大学で十分な教育を受ける時間が確保出来ない、雇用のミスマッチなどが起きやすく、内定が出た後、学生が何をしていいかがわからなくなり暇をもてあまし

てしまう、という弊害もあるといわれています。こうした背景を踏まえると、企業は、以前にも増して、早期にしっかりとした健康管理と健康教育をする必要があります。

（2）採用にあたって

　働く人の「安全と健康」は、採用面接から始まっていると考えるべきです。学歴、研究内容、コミュニケーション能力、国際経験といったものだけでなく、ストレス耐性、健康管理、生活習慣といった部分も採用にあたって考慮すべきです。採用担当者が多角的な視点で、見極める必要があります。

　しかし、肝心の採用担当者が、自分の健康管理に不熱心であれば、健康な人材を採用することは出来ません。健康な人材を採用担当者に起用すべきです。精神的に体調を崩すと、正しい判断が出来なくなってしまうこともあります。

　また、20代は精神病の好発年齢といわれています。採用後に何かあった時に迅速・的確に、通院や休職による療養をしてもらうためには、ご家族の協力は不可欠です。

　ご両親だけでなく、近くにいるご親族に身元保証人になってもらえれば理想的です。緊急連絡先も一か所だけではなく、複数か所確認しておくべきです。

（3）職業教育の徹底が重要

　最近、会社に溶け込めないことから、心身に不調を来す若手社員が増え、多くの会社で問題になってきています。ビジネスパーソンに求められる資質として不可欠なのが、協調性と精神力です。どんな人にも配慮でき、他人と協調して作業を進めることが社員に求められています。会社とは利益を追求する社会集団です。

　若い社員のメンタル不全を防ぐためには、出来るだけ早い時期に、上記のような考え方が出来るようにして、ストレス耐性を高め、怒られたり、指示をされたり、評価されることに慣れるなど、社会人としての心構えを身に付けてもらうような内容の研修を取り入れるべきです。

　プロ意識を高め、私生活のストレスを職場に持ち込まないよう教育することも必要です。

　若い人は、人から叱られたり、強く命令された経験が少ないため、ちょっとしたことで、人格を否定されたと考えて落ち込んだり、上司の言動をパワハラ・セクハラと思い違いする傾向があります。こうした事実は、管理職にもしっかりと教えるべきです。

（4）生活習慣の改善のポイント

　種々の変化に早く慣れ健康を維持させるためには、とかくルーズになりがちだった学生時代の生活習慣を修正し、まず規則正しい食事、睡眠、運動等の生活リズムを作るよう意識させることです。

　また、不眠はメンタル不全の引き金になることがとても多いので、睡眠をしっかりとることがとても大事です。そのためには、残業や夜遊びを控え、夜型の生活のリズムを昼型に変えていかなくてはいけません。平日仕事に追われた反動で、週末疲れているのに、無理をして遊んでしまう人も少なくありませんが、リズムをつかむまで、週1日は必ず身体を休めるべきです。

　寝だめは逆効果になることもあります。日曜日に朝寝坊すると、今度は日曜日の夜に眠れなくなって、仕事の始まる月曜日に睡眠不足という悪循環になりかねません。日曜日は平日と同じリズムで起床し、早めに眠るべきです。疲れが溜まっていると感じたら、休日に20〜30分程度昼寝を

すると疲労解消に効果があります。

　企業は、新入社員が時間を守り、元気に、１日、そして１週間仕事が出来るようなペースをつかむまで、残業は制限するべきです。

　食生活が乱れ、肥満体質になって、糖尿病・肝臓病・高脂血症になる若手社員が増えています。食事も体調を管理するうえで、重要なポイントです。３食食べて、食べ過ぎない、夕食を遅い時間にとらない、体重を毎日計るといった注意で、学生時代より体重を増やさないようにする必要があります。

　喫煙はビジネスパーソンにとって、大きなハンディと考えるべきです。喫煙期間が短いほど禁煙は容易といわれているので、禁煙教育も是非若いうちに実施すべきです。具体的には入社後の研修で生活習慣の改善をテーマとした教育を実施すべきです。

　入社前の仕事への期待と、直面する業務のギャップ、仕事に対するプレッシャー、先輩社員やお客様とのコミュニケーションに悩んだり……と、入社して間もない社員は、ストレスを感じやすい状況にあります。温厚なベテラン社員が研修時やOJTのときなどに声をかけ、悩みを聴くと効果的です。

(5) “雇入れ時健診” の結果を活用

　雇入れ時健診後のフォローはとても重要なポイントといえます。これを怠ると、心臓病・糖尿病といったいろいろな病気の早期発見・早期治療のタイミングを逸することにもなりかねません。異常があったら、必ず再検査や、精密検査を受け、問題がないことを確認してから、本格的な仕事を始めるべきです。持病がある社員は、主治医・産業医の意見を尊重して、配属先を決定すべきです。

(6) 若い社員をじっくり育てる発想がポイント

　大学生が、23歳から働き始めると仮定すると、65歳になるまで、42年間働くことになります。職業生活は、まさにマラソンと同じような長丁場です。始めに焦ってしまい100メートル走のように走り出したら、長続きするはずはありません。

　日本では、今まで、学校教育を終えた若者を企業内で教育し、職業能力を身に付けさせるシステムが機能していました。しかし長引く不況で、こうした余裕を失った企業が、即戦力と称して、遮二無二に新入社員を働かせる傾向が強くなってきました。

　前途ある若い社員を病気にしないためには、管理職が、ペース配分を季節、月、１週間単位で身をもってしっかり教えることも必要です。

(7) 社会の連携が新入社員を守る

　就職は、学校保健から産業保健への転換期といえます。最近増えている若い社員のメンタル不全は、学校保健と企業の連携が不十分なことによって起きているとも考えることが出来ます。

　文部科学省と厚生労働省の連携や、産業保健に理解のある学校医、学校保健の知識のある産業医の育成も必要といえます。新入社員の健康管理のポイントは、ゆとりのある学校と、ゆとりの乏しい会社との格差を、出来るだけ早期に埋めて、上手に職業生活のスタートラインに立ってもらうことです。この会社に入ってよかったと、新入社員やご家族に感じてもらえるような、健康的な職場

を経営者や担当者に作ってもらうことを祈っています。

（下村）

③ ストレスチェック制度の現状と今後の流れ

　ストレスチェック制度が始まって令和2年（2020年）で5年目となり、50名以上の従業員がいる事業場ではほぼ定着したと思います。最初の頃はストレスチェックを実施すること自体が目的で、とにかく問題なくストレスチェックを実施出来れば良いという事業者や担当者がほとんどでした。

　やがて、目的がストレスチェック後の組織分析や職場環境改善の方に移って来ており、厚生労働省の職業性ストレス簡易調査票57項目の標準バージョンだけでなく、組織分析ができる項目をより充実させた新職業性ストレス簡易調査票短縮版の80項目バージョンや独自の組織分析項目を取り入れたバージョンも注目を集めてきています。

　新型コロナウィルス対策として普及したテレワークによる社員のストレスなどをストレスチェック時に同時に測ろうとする試みも増えてきています。また、外国人労働者の増加を受けて、多言語対応で8言語対応や12言語対応のストレスチェックも登場してきました。

　そして、もう一つの流れとしては、過去の自社のストレスチェックのデータを活用して組織ごとの時系列的な変化をみたり、4年間で蓄積された同業他社のデータとの比較をしてみようという事業者さんが増えてきていることがあげられます。一例として岐阜県に本社があるタック株式会社さんの4年間、約240万人分のストレスチェックの結果の一部を利用させてもらって説明したいと思います。

　令和元年（2019年）度の632,943人のストレスチェックの結果、男性の高ストレス者は15.9%、女性の高ストレス者は13.5%と従来通り男性の高ストレス者率が高いものとなりました。なお、男女合計では15%でした。（図表4-1）

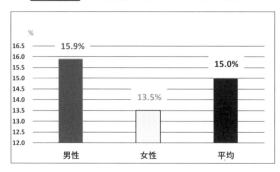

図表 4-1　男女別　高ストレス者の割合

出典：タック株式会社　ストレスチェック調査「自分でできるMental　Care」
2019年　632,943件　のデータよりの集計　（男性63%　女性37%）

　年代別では、30代が最も高く、40代、20代以下が続きます。60歳代以上を除くすべての年代で

男性が女性より高ストレスな状況となっています。（図表 4-2）

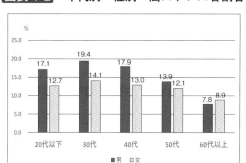

図表 4-2　年代別　性別　高ストレス者割合

*タック株式会社　ストレスチェック調査「自分でできるMental　Care」
2019年　632,943件　のデータよりの集計

　産業分類別では製造業の高ストレス率が最も高く、卸売業・小売業が続きます。自分の業種との高ストレス率の差を比較してみてください。（図表 4-3）

図表 4-3　産業分類別　高ストレス率（男女平均）

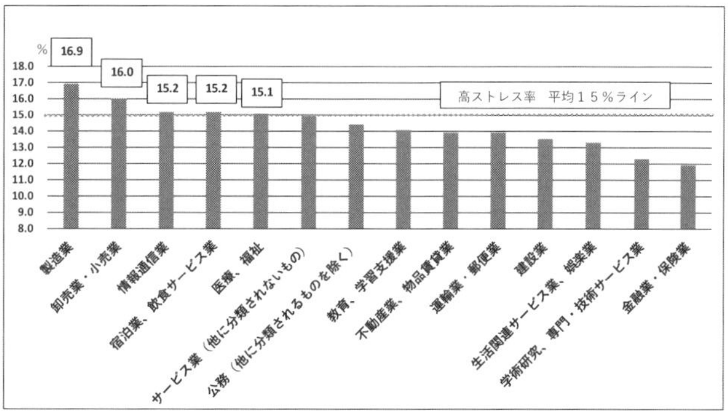

出典：タック株式会社　ストレスチェック調査「自分でできるMental　Care」
2019年　632,943件　のデータよりの集計

　ただし、ほとんど産業で男女差が大きく、業種だけではなく男女別にも平均と自社を比較してみないといけないのではないかと思います。（図表 4-4）

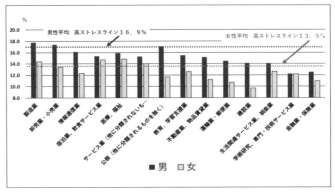

図表 4-4　産業分類別　高ストレス率　男女別

出典：タック株式会社　ストレスチェック調査「自分でできるMental　Care」2019年　632,943件　のデータよりの集計

　最後に従業員規模別で比較してみましょう。驚くことに 3,001 人以上の大企業の方が高ストレス率 16.9％と高くなっています。これは社内の健康管理体制などが整備され、雇用も守られているから安心して遠慮なくストレスをチェックできているのかもしれませんが、今後の研究を待ちたいと思います。（図表 4-5）

図表 4-5　従業員規模別　高ストレス率（男女平均）

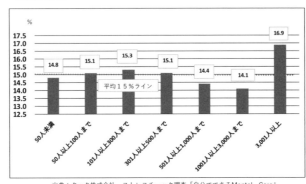

出典：タック株式会社　ストレスチェック調査「自分でできるMental　Care」
2019年　632,943件　のデータよりの集計

　じつはこちらのデータも、男女別に見てみるとかなり差があることがわかります。自分の企業や事業場の規模や業種の平均値と比較し、同時に自社の組織ごとの経年変化にも注目しながら、評価と対策を考えていく時代になったと思います。（図表 4-6）

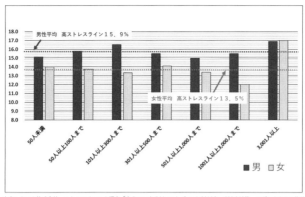

図表 4-6　従業員規模別　高ストレス率　男女別

出典：タック株式会社　ストレスチェック調査「自分でできるMental　Care」2019年　632,943件　のデータよりの集計

（佐藤）

第5章

働き方改革と健康管理

1 広告代理店 D 社事件の教訓

　平成 27 年 12 月 25 日、D 社の新入女性社員が、社員寮から飛び降りて自殺した（享年 24）事件で、平成 28 年、三田労働基準監督署は、この社員が自殺したのは長時間労働によりうつ病を発症したのが原因と判断し、労働災害（労災）を認定しました。これを受け、平成 28 年 10 月、厚生労働省東京労働局過重労働撲滅特別対策班（通称「かとく」）が労働基準法に基づき、D 社本社に臨検監督と呼ばれる抜き打ち調査を実施したのです。

　その後、複数回にわたる是正勧告後も違法な時間外労働が全社的に常態化していた疑いが強まったことを受け、強制捜査に切り替え、労働基準法違反の疑いで家宅捜索を行いました。それらの調査や捜査の中で、行政側は産業保健の問題点を以下のように捉えました。

　D 社には、専属産業医もいましたし、保健師などの産業保健スタッフもいたにもかかわらず、なぜこのような事件が起きてしまったのか。「仏作って魂入れず」のような状態になっているのが、D 社に限らず日本全体の姿ではないか、と国は気付いたのです。

① せっかく産業医がいても、事業者から産業医に対し、産業保健活動に必要となる情報が提供されていないのではないか

② 労働者に対して、産業保健活動に関する周知が十分になされていないため、健康相談等の産業保健サービスが利用されていないのではないか

③ 労働者が産業医等に相談した際に、相談内容に関する秘密が守られるか否かが明確になっていないため、安心して産業医等に相談することが出来ないのではないか

④ 事業場における産業医の独立性・中立性が確保されていないのではないか

⑤ 事業場における産業医の権限が明確になっていないのではないか

⑥ 衛生委員会において、産業保健活動に係る議論が十分に行われていないのではないか

　そこで、国は労働安全衛生法の改正の機会に、これらの問題の解決を図ろうとしたわけです。前回（平成 26 年公布、27 年施行）の労働安全衛生法の改正では「ストレスチェック制度の導入」など主にハード面での改正が行われましたが、平成 31 年 4 月施行の改正は主にソフト面での改正ということになりました。

　今回の労働安全衛生法改正の「改正の趣旨」には、「**長時間労働やメンタルヘルス不調などにより、健康リスクが高い状況にある労働者を見逃さないため、産業医による面接指導や健康相談等が確実に実施されるようにし、産業保健機能を強化するとともに、産業医の独立性や中立性を高める**などにより、産業医等が産業医学の専門的立場から労働者一人ひとりの健康確保のためにより一層効果的な活動を行いやすい環境を整備するため、産業医の在り方の見直しを行ったものである」と書かれています。つまり、今回の労働安全衛生法の改正の目的は**産業医・産業保健機能の強化**であることを、まずは理解していただきたいと思います。それに伴い、労働基準監督署の調査や指導も自ずと「形だけ整っていればよい」というものから「実際に労働者が医師面接や相談に行ける体制の整備」のほうにシフトしていくでしょう。

（佐藤）

図表 5-1　産業医・産業保健機能の強化

第1　産業医・産業保健機能の強化
（労働安全衛生法令及びじん肺法令関係）

1　改正の趣旨

　労働安全衛生法 (以下「安衛法」という。) 第13条第1項において定められている産業医は、健康診断、長時間労働者に対する面接指導及び心理的な負担の程度を把握するための検査並びにその結果に基づく労働者の健康を保持するための措置、作業環境管理、作業管理、健康管理、労働者の健康の保持増進を図るための措置、衛生教育、労働者の健康障害の調査等で、医学に関する専門的知識を必要とするものを行うことを職務とされている。

　整備法においては、長時間労働やメンタルヘルス不調などにより、健康リスクが高い状況にある労働者を見逃さないため、産業医による面接指導や健康相談等が確実に実施されるようにし、産業保健機能を強化するとともに、産業医の独立性や中立性を高めるなどにより、産業医等が産業医学の専門的立場から労働者一人ひとりの健康確保のためにより一層効果的な活動を行いやすい環境を整備するため、産業医の在り方の見直しを行ったものであること。

出典：厚生労働省基発 0907 第 2 号

2　労働安全衛生法の改正の内容 ★★★

　働き方改革関連法案の一つとして、労働基準法の改正などと共に平成 31 年 4 月から施行された改正労働安全衛生法ですが、主として労働基準法の時間外労働時間の改正が注目を浴びました。その結果、労働基準法での大企業と中小企業で 1 年の実施時期の違いがあることが誤解を生み、労働安全衛生法の改正の内容も大企業と中小企業とで実施時期が 1 年違うという誤った認識が広がってしまいました。

　ロードマップをご覧いただくとわかるように、労働基準法では中小企業は令和 2 年からの改正対象ですが、労働安全衛生法では平成 31 年から既に実施が義務付けられています。労働基準監督署は令和 2 年は、法律が施行されて 2 年目として指導してきますので注意してください。

（佐藤）

図表 5-2　働き方改革関連　ロードマップ

年	平成31年 令和元年	令和2年	令和3年	令和4年	令和5年	令和6年
	4月〜施行	4月〜施行	4月〜施行	4月〜施行	4月〜施行	4月〜施行
大企業 **労基法**ほか	罰則付き 時間外労働規制 脱時間給制度 有給休暇5日の 取得義務化　他	同一労働 同一賃金 6月〜 パワハラ対策				
大企業 **中小企業** **労安法**	長時間労働者 医師面接新制度 研究開発業務従事者 （100時間超 強制面接 一般労働者 80時間超 希望者面接指導）	産業医の権限強化（役割変更）と 事業者側からの情報提供等の義務変更				
中小企業 **労基法**ほか	有給休暇5日の 取得義務化　他	罰則付き 時間外労働規制 脱時間給制度	同一労働 同一賃金	パワハラ対策	4月〜 時間外割増 月60時間超え 5割に	
建設業					罰則付き 時間外労働規制？ 例外付き	
運輸業					罰則付き 時間外労働規制？	
医師					時間外労働規制 960時間？	

中小企業の定義━━━━━━━━━━━━━━━━━━━━━━━━━━━━━━━

　中小企業といっても、法律や制度によって「中小企業」として扱われている範囲が異なりますので注意が必要です。中小企業基本法では、①製造業その他では、資本金の額又は出資の総額が3億円以下の会社並びに常時使用する従業員の数が300人以下の会社及び個人、②卸売業では、資本金の額又は出資の総額が1億円以下の会社並びに常時使用する従業員の数が100人以下の会社及び個人、③小売業では、資本金の額又は出資の総額が5千万円以下の会社並びに常時使用する従業員の数が50人以下の会社及び個人、④サービス業では、資本金の額又は出資の総額が5千万円以下の会社並びに常時使用する従業員の数が100人以下の会社及び個人、という定義になっています。

　さらに「小規模企業者」の定義は、①製造業その他では、従業員20人以下、②商業（卸売業・小売業）・サービス業の場合では、従業員5人以下、となっています。

図表 5-3　中小企業の定義

業種分類	中小企業基本法の定義
製造業その他	資本金の額又は出資の総額が3億円以下の会社又は常時使用する従業員の数が300人以下の会社及び個人
卸売業	資本金の額又は出資の総額が1億円以下の会社又は常時使用する従業員の数が100人以下の会社及び個人
小売業	資本金の額又は出資の総額が5千万円以下の会社又は常時使用する従業員の数が50人以下の会社及び個人
サービス業	資本金の額又は出資の総額が5千万円以下の会社又は常時使用する従業員の数が100人以下の会社及び個人

＊この中小企業の定義は、中小企業政策における基本的な政策対象の範囲を定めた「原則」であり、法律や制度によって「中小企業」として扱われている範囲が異なることがあります。

小規模企業者の定義

業種分類	中小企業基本法の定義
製造業その他	従業員 20 人以下
商業・サービス業	従業員 5 人以下

出典：中小企業庁ホームページ

- ・　「商業」とは、卸売業・小売業を指します。
- ・　商工会及び商工会議所による小規模事業者の支援に関する法律（小規模事業者支援法）、中小企業信用保険法、小規模企業共済法の3法においては、政令により宿泊業及び娯楽業を営む従業員20人以下の事業者を小規模企業としています。

3　「働き方改革」は「働かせ方改革」

　働き方改革関連法案の目指すところは、あえて言わせてもらえば、「働き方改革」よりも「**働かせ方改革**」をいかに行うかということにあります。生産性の高い労働者になってもらうことは、そ

の裏に欧米のような能力主義が隠れています。当然、「労働者の保護」も打ち出さないと国全体としてその方向へ舵を切ることが出来ません。その保護の一つとして、また生産性を重視した働き方への誘導の意味も込めて「**法定時間外労働の上限規制**」が取り入れられました。

　今まで青天井であった 36 協定の特別条項を利用した時間外労働時間に、初めて限度を設けたわけです。特例として、労使が合意して労使協定を結ぶ場合でも上回ることが出来ない上限が、単月で 100 時間未満（休日労働を含む）、複数月平均 80 時間以下（休日労働を含む）かつ、年 720 時間までとなります。単月で 100 時間**未満**とされ「100 時間　以下」とならなかったのは、労働側の強い反対があったためです。

図表 5-4　法定時間外労働上限規制その 1

現行の時間外労働の規制では、36協定で定める時間外労働の限度を厚生労働大臣の限度基準告示で定めていますが、これを法律に格上げし、さらに罰則による強制力を持たせていくことになりました。

原則として、時間外労働の限度は単月で45時間、かつ、年360時間となります。

特例として、労使が合意して労使協定を結ぶ場合でも上回ることが出来ない上限が、**単月で100時間未満（休日労働を含む）**、**複数月平均80時間未満（休日労働を含む）**かつ、**年720時間まで**となります。
（自動車運転業務、建設事業、医師等について猶予期間あり）
（研究開発業務について、医師の面接指導を設けたうえで、適用除外）

　しかし、この「単月 100 時間未満、2～6 か月の複数月平均 80 時間以下かつ年 720 時間まで」という表現には落とし穴があります。単月 100 時間未満、2～6 か月の複数月平均 80 時間以下の後ろには（休日労働を含む）と書いてありますが、年 720 時間の後ろには何も書いてありません。ということは（**休日労働を含めず**）という意味になります。

　法定時間外労働時間で年間最大 720 時間となっていますので、休日労働を出来るだけ少なくして試算してみました。そうすると休日を含んでの時間外労働は月に 100 時間未満、複数月平均でも 80 時間が限界で、年に 6 回までしか利用出来ないので、それ以外の月の最大が 45 時間として例を作ってみると、法定時間外労働時間で 720 時間、休日労働で 135 時間、**合計で 855 時間以下**が限界ではないかと考えられます。逆に経営者の立場から見ると、休日労働を含めると年間最大で 855 時間程度残業可能ともいえるのです。

（佐藤）

３６協定に特別条項を付加して、法律を遵守した場合の年間最大時間外労働時間（例）

＊法定労働時間の上限、月100 時間未満（休日労働を含める）、2～6 か月平均で 80 時間以下（休日労働を含める）、
　法定時間外労働時間年720時間＋休日労働時間＝最大でも855時間／年（正確には、上記の時間内で３６協定に記載された時間までとなります）

月	1	2	3	4	5	6	7	8	9	10	11	12	1	2	3	休日労働を含む年間時間外労働時間の限界時間／年
法定時間外労働時間数	75時間	45時間	75時間	45時間	75時間	45時間	75時間	45時間	75時間	45時間	75時間	45時間	75時間	45時間	75時間	720時間
休日労働時間数	22時間30分	0時間	22時間30分	0時間	22時間30分	0時間	22時間30分	0時間	22時間30分	0時間	22時間30分	0時間	22時間30分	0時間	22時間30分	135時間
合計時間	97時間30分	45時間	97時間30分	45時間	97時間30分	45時間	97時間30分	45時間	97時間30分	45時間	97時間30分	45時間	97時間30分	45時間	97時間30分	855時間

出典：日本産業医支援機構作成資料

図表 5-6　時間外労働時間上限規制その２

「時間外労働の上限規制法案」の本当の中身

特例として、労使が合意して労使協定を結ぶ場合でも
上回ることが出来ない上限が、**単月で100時間未満**
（休日労働を含む）、複数月平均80時間未満（休
日労働を含む）かつ、年720時間（休日労働を
含めず）までとなります。

（自動車運転業務、建設事業、医師等について猶予期間あり）
（研究開発業務について、医師の面接指導を設けたうえで、
　適用除外）

法定外労働時間720時間＋
休日労働時間135時間＝855時間以下

つまり、休日労働を含めた時間外労働の上限は、
年855時間以下となります！

コラム 残業と時間外労働の違い

　就業規則等で決めている就業時間で1日何時間働くかで、その人の「所定労働時間」が決まります。所定労働時間は会社によって異なりますので、7時間の会社もあれば8時間の会社もあります。

　しかし、「法定労働時間」は法律で1週40時間と上限が決められているので、1日8時間で計算することになります。

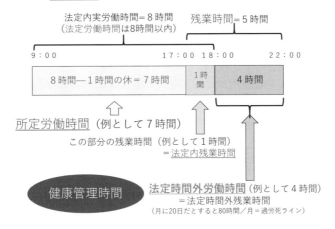

図表 5-7　時間外労働時間の計算の仕方

　「残業」とは所定労働時間を超えて仕事をした時間をいいますが、「法定時間外労働時間」は常に1日8時間をオーバーした時間で計算されます。所定労働時間が7時間の会社で月に20日出勤して毎日1時間ずつ残業をして合計20時間分の残業手当をもらっても、法定時間外労働時間は0です。

　法定時間外労働時間の計算式　を覚えておきましょう。

1か月の総労働時間数（労働時間数＋延長時間数＋休日労働時間数）―｛（計算期間（1か月間）の総暦日数／7）× 40｝

　例として、暦日が31日あり、労働日が20日の月の場合で80時間の法定外残業と20時間の休日労働をした場合で計算してみましょう。

　260時間（8時間／日×20日＋残業80時間＋休日労働20時間）―

　｛（31日／7）× 40 ＝ 177.14｝＝ **82.86時間が法定時間外労働時間**となります。

　従って、新安衛法での労働時間の計算も所定労働時間ではなく、法定時間外労働時間ですべて計算して、面接対象者などのピックアップを行えばよいということになります。この法定時間外労働時間がやがて「健康を管理するための基準となる時間」として登場してくると思っていてください。

厚生労働省　基発 1228 第 16 号

第2　面接指導等

> 問1　新安衛則第52条の2第1項の規定においては、時間外・休日労働時間が1月当たり80時間を超えた場合（かつ、当該労働者が疲労の蓄積の認められる者である場合）に面接指導の対象となるが、所定労働時間が1週間当たり40時間に満たない事業場においては、1週間当たり40時間（法定労働時間）と所定労働時間のどちらを基準として算定すればよいか？

> 答1　時間外・休日労働時間が1月当たり80時間を超えた時間については、1週間当たり40時間（法定労働時間）を基準として、新安衛法第66条の8の3に基づき把握した労働時間の状況により、当該超えた時間を算定すればよい。

　しかし、実際の現場では「ただ法律を守っていればよい」というわけでもありません。法律の定めを守っていたとしても、実質1か月の間に160時間の時間外労働をさせることも出来るからです。働き方改革関連法案が国会で審議された際に、衆議院で12本、参議院では実に47本の附帯決議が付きました。附帯決議自体は法律ではありませんが、法律を施行し監督する立場の厚生労働省は原則としてこの国会の意向に沿った運用を目指さなければなりませんので、法律に準ずるものだと認識しておいたほうがよいかと思われます。

　さて、その参議院の附帯決議の4番目に出てくるのが「四、特例的延長の場合においては、時間外労働時間の設定次第では四週間で最大百六十時間までの時間外労働が可能であり、そのような短期に集中して時間外労働を行わせることは望ましくないことを周知徹底すること。」という決議です。これについては、図でわかりやすく説明したいと思います。

図表 5-9　附帯決議

働き方改革を推進するための関係法律の整備に関する法律案に対する附帯決議

平成三十年六月二十八日
参議院厚生労働委員会

四、特例的延長の場合においては、時間外労働時間の設定次第では四週間で最大百六十時間までの時間外労働が可能であり、そのような短期に集中して時間外労働を行わせることは望ましくないことを周知徹底すること。

図表 5-10　附帯決議の図解

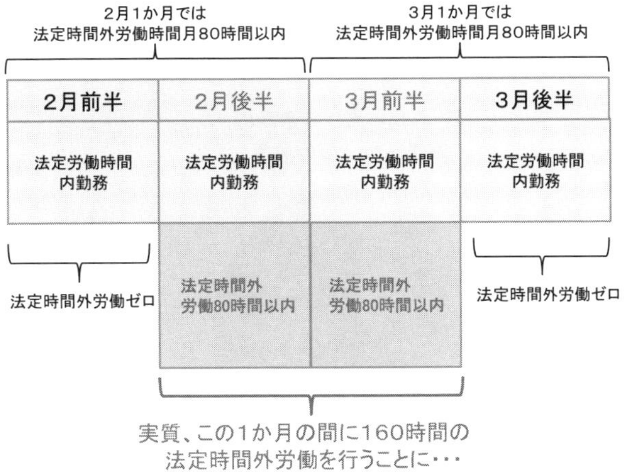

2月1か月では
法定時間外労働時間月80時間以内

3月1か月では
法定時間外労働時間月80時間以内

2月前半	2月後半	3月前半	3月後半
法定労働時間内勤務	法定労働時間内勤務	法定労働時間内勤務	法定労働時間内勤務
法定時間外労働ゼロ	法定時間外労働80時間以内	法定時間外労働80時間以内	法定時間外労働ゼロ

実質、この1か月の間に160時間の
法定時間外労働を行うことに…

　例えば、2月〜3月にかけて年度末で工事が集中したような場合に、2月の後半2週間で80時間の時間外・休日労働をさせ、3月前半の2週間で同じく80時間の時間外・休日労働をさせた場合、2月後半から3月前半の実質1か月の間に160時間の法定時間外労働を行うことになるわけです。2月単月、3月単月、複数月平均でも法律は犯していないものの、80時間が過労死ラインと呼ばれている時代に実質1か月で160時間というような働き方をさせないように、と釘を刺されているわけです。

（佐藤）

4　なぜ医師面接をしなければならないか

　「労働者の保護」という観点から、平成31年4月施行の労働安全衛生法の改正では「**産業医・産業保健機能の強化**」が主目的とされています。その前提として私が注目しているのが、D社における過労自殺事件と共に労働者健康安全機構の労働安全衛生総合研究所が国の委託を受けて実施している、労災認定された労働者のデータベース構築による研究です。その中から医師面接がいかに大事かを示すデータがあります。

　まず、脳・心臓疾患として労災認定された労働者の健康診断受診の有無では**約70%の労働者が健康診断は受診**していました。

図表 5-11 健診の有無と医師面接受診の有無

脳・心臓疾患認定患者における<u>健康診断</u>受診の有無（平成28年度報告）

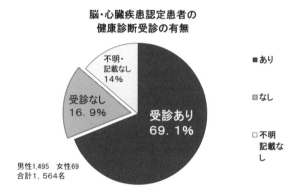

脳・心臓疾患認定患者の
健康診断受診の有無

- ■あり
- ■なし
- □不明記載なし

不明・記載なし
14%

受診なし
16.9%

受診あり
69.1%

男性1,495　女性69
合計1,564名

脳・心臓疾患認定患者における<u>医師面接指導</u>受診の有無（平成28年度報告）

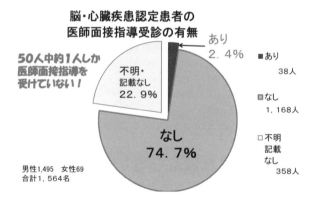

脳・心臓疾患認定患者の
医師面接指導受診の有無

あり
2.4%

50人中約1人しか
医師面接指導を
受けていない！

不明・記載なし
22.9%

なし
74.7%

男性1,495　女性69
合計1,564名

- ■あり　38人
- ■なし　1,168人
- □不明記載なし　358人

出典：独立行政法人労働者健康安全機構・労働安全衛生総合研究所「過労死等の実態解明と防止対策に関する総合的な労働安全衛生研究」

　しかし、健康診断を受診はしたものの、脳・心臓疾患として労災認定された労働者のうち医師面接指導を受けていたのは 2.4%、約 50 人に 1 人だけで、それ以外の労働者は医師面接指導を受けていませんでした。この方たちが医師面接までたどり着けていたら……。このような報告を基に、労災を起こさせないために医師面接指導をきちんと実施していかなければならない、と考えるのは自然でしょう。

（佐藤）

⑤　「産業医の在り方」の見直し

　本章①に掲載したように、行政は産業保健の主な問題点を以下のように捉えました。
①　せっかく産業医がいても、事業者から産業医に対し、産業保健活動に必要となる情報が提供さ

れていないのではないか
②　労働者に対する産業保健活動に関する周知の不足
③　相談内容に関する秘密が守られるかについて労働者が不安に思っている
④　事業場における産業医の独立性・中立性が確保されていない
⑤　事業場における産業医の権限が不明確
⑥　衛生委員会における産業保健活動に係る議論が不十分

　それらを解決するために労働安全衛生法の改正で「産業医の在り方の見直し」が行われました。平成 30 年 9 月 30 日厚生労働省労働基準局長から基発 0907 第 2 号という通知「働き方改革を推進するための関係法律の整備に関する法律による改正後の労働安全衛生法及びじん肺法の施行等について」が出され、下記のような産業医などの在り方の見直しが行われました。
(1)　産業医の職務の追加
(2)　産業医の知識・能力の維持向上
(3)　産業医の権限の具体化
(4)　産業医の独立性・中立性の強化
(5)　産業医の辞任又は解任時の衛生委員会又は安全衛生委員会（以下「衛生委員会等」という。）への報告
(6)　産業医等に対する健康管理等に必要な情報の提供
(7)　産業医が勧告しようとするときの事業者に対する意見の求め及び産業医から勧告を受けたときの勧告の内容等の保存
(8)　産業医の勧告を受けたときの衛生委員会等への報告
(9)　労働者からの健康相談に適切に対応するために必要な体制の整備等
(10)　産業医等の業務の内容等の周知
(11)　労働者の心身の状態に関する情報の取扱い
(12)　安全委員会、衛生委員会等の意見等の記録・保存
(13)　産業医による衛生委員会等に対する調査審議の求め
(14)　罰則
(15)　施行期日　産業医・産業保健機能の強化に係る改正規定の施行期日：平成 31 年 4 月 1 日
　このように産業医の職務が新たに追加されたり、権限が強化されたり、13 もの分野で産業医・産業保健機能の強化策が決められたのです。この後、主な部分について簡単にポイントを説明しておきたいと思います。

（佐藤）

⑥　長時間労働者に対する医師面接指導は 3 段階に

　今回の労働安全衛生法の改正により、長時間労働者に対する医師面接指導は 3 段階になりました。
①まずは「新たな技術、商品又は役務の研究開発に係る業務に従事する労働者」で月 100 時間を超

える法定時間外労働を行ったすべての従業員に対して行う、**強制面接指導**が新しく定められました。労働者本人が希望する・しないに関係なく強制的に医師面接指導を受けなければなりません。

②従来からあった月100時間超えの時間外労働がある労働者で本人が面接指導を希望した場合に行う面接指導は、**月80時間超え**とより厳しい形になりました。

③月80時間未満であっても、衛生委員会等で定めた社内ルールがある場合の医師面接指導もあります。こちらは、例えば月60時間以上などと定めたらそれに対応する形で実施します。

この3つのレベルの医師面接指導の制度を各社であてはめて運用していくこととなりました。

（佐藤）

図表 5-12 医師面接指導が3段階方式に

① 長時間労働者　新たな技術、商品又は役務の研究開発に係る業務に従事する労働者　月100時間超えの場合
…義務（本人希望関係なし）

② 長時間労働者　月80時間超えで本人が希望した場合…義務

③ 長時間労働者　月80時間未満でも衛生委員会等で医師面接を行うルールを作った場合など……努力義務

コラム 企業のリスク対策として捉える

　ここで、法律改正への対応を考える前に、企業の産業医に法律に則って仕事をしてもわないと、会社にとってはリスクになるということをしっかり押さえておきましょう。そもそも労働安全衛生法では従業員50人以上の規模の事業場では、**事業者が産業医を雇って労働者の健康管理を行わなければならない**としています。**あくまで手段として産業医を雇って労働者の健康管理をさせなさい**と書かれていて、**労働者の健康管理は事業主の責任**であることが大前提です。

図表 5-13 安衛法による産業医の役割

労働安全衛生法　第三章　安全衛生管理体制
（産業医等）
第13条
1.事業者は、政令で定める規模の事業場ごとに、厚生労働省令で定めるところにより、医師のうちから産業医を選任し、その者に労働者の健康管理その他の　厚生労働省令で定める事項（以下「労働者の健康管理等」という。）を行わせなければならない。

専門家としての義務

2.産業医は、労働者の健康管理等を行うのに必要な医学に関する知識について厚生労働省令で定める要件を備えた者でなければならない。
（中略）
5.産業医は、労働者の健康を確保するため必要があると認めるときは、事業者に対し、労働者の健康管理等について必要な勧告をすることができる。この場合において、事業者は、当該勧告を尊重しなければならない。

　そして、事業主に選任された産業医はどのような業務をしなければならないかについては、法律に具体的に書かれています。それらの中で最も重要と思われるのが、労働者に対しての**面接指導**です。指導して日常生活で行動変容を起こしてもらう、残業禁止や出張禁止など就業上の制限を付けざるを得ない場合でも本人にきちんと説明して納得してもらい、制限がなくなるように受診・治療などの行動を起こしてもらう、そのための面接指導が産業医の重要な仕事なのです。そして、今回の法改正ではこの**医師面接に力点を置いた改正**となっています。

図表 5-14　安衛則による産業医の管理

労働安全衛生規則　第二章　安全衛生管理体制

（産業医及び産業歯科医の職務等）

第14条

1. 法第13条第1項の厚生労働省令で定める事項は、次に掲げる事項で医学に関する専門的知識を必要とするものとする。

　　1. 健康診断の実施及びその結果に基づく労働者の健康を保持するための措置に関すること。

　　2. 法第66条の8第1項（中略）に規定する面接指導並びに法第66条の9に規定する必要な措置の実施並びにこれらの結果に基づく労働者の健康を保持するための措置に関すること。

　　3. 法第66条の10第1項に規定する心理的な負担の程度を把握するための検査の実施並びに同条第3項に規定する面接指導の実施及びその結果に基づく労働者の健康を保持するための措置に関すること。　ストレスチェックのこと

　　4. 作業環境の維持管理に関すること。

　　5. 作業の管理に関すること。

　　6. 前各号に掲げるもののほか、労働者の健康管理に関すること。

　　7. 健康教育、健康相談その他労働者の健康の保持増進を図るための措置に関すること。

　　8. 衛生教育に関すること。

　　9. 労働者の健康障害の原因の調査及び再発防止のための措置に関すること。

7　産業医などへの情報提供の義務化
　～医師面接の際に用意しなければならない情報（書式）とは
★★★

　安衛法では、1月当たりの法定時間外労働時間が80時間を超えた労働者が希望する場合には、産業医による面接を行わなければならないと定めています。その際に、産業医は、会社側に労働者に関する情報を求めます。これについて、会社は情報提供しなくてはなりません。

ア	①健康診断、②長時間労働者に対する面接指導、③ストレスチェックに基づく面接指導実施後の既に講じた措置又は講じようとする措置の内容に関する情報（措置を講じない場合は、その旨、その理由）
イ	時間外・休日労働時間が1月当たり80時間を超えた労働者の氏名・当該労働者に係る当該超えた時間に関する情報（高度プロフェッショナル制度対象労働者については、1週間当たりの健康管理時間が40時間を超えた場合におけるその超えた時間（健康管理時間の超過時間））
ウ	労働者の業務に関する情報であって、産業医が労働者の健康管理を適切に行うために必要と認めるもの

出典：厚生労働省リーフレット「「産業医・産業保健機能」と「長時間労働者に対する面接指導等」が強化されます」

図表 5-16　安衛法による産業医等

労働安全衛生法　第三章 安全衛生管理体制

（産業医等）

第13条

事業者は、政令で定める規模の事業場ごとに、厚生労働省令で定めるところにより、医師のうちから産業医を選任し、その者に労働者の健康管理その他の厚生労働省令で定める事項（以下「労働者の健康管理等」という。）を行わせなければならない。

（中略）

4　産業医を選任した事業者は、産業医に対し、厚生労働省令で定めるところにより、労働者の労働時間に関する情報その他の産業医が労働者の健康管理等を適切に行うために必要な情報として厚生労働省令で定めるものを提供しなければならない。

第13条の2（注釈：50人未満の事業場への規定）

2　前条第四項の規定は、前項に規定する者（注釈：産業医のこと）に労働者の健康管理等の全部又は一部を行わせる事業者について準用する。この場合において、同条第四項中「提供しなければ」とあるのは、「提供するように努めなければ」と読み替えるものとする。

図表 5-17

安衛則による産業医に対する情報の提供

労働安全衛生規則　第一編総則
第二章 安全衛生管理体制 第四節 産業医等

（産業医に対する情報の提供）

第14条の2

法第13条第4項の厚生労働省令で定める情報は、次に掲げる情報とする。

1　法第66条の5第1項（注釈：健康診断後の措置）、第66条の8第5項（注釈：医師による意見を勘案して行った就業場所の変更、労働時間の短縮などの措置）（法第66条の8の2第2項又は第66条の8の4第2項において読み替えて準用する場合を含む。）又は第66条の10第6項（注釈：高ストレス者医師面接による意見を勘案して行った就業場所の変更、労働時間の短縮などの措置）の規定により既に講じた措置又は講じようとする措置の内容に関する情報（これらの措置を講じない場合にあっては、その旨及びその理由）

2　第52条の2第1項、第52条の7の2第1項又は第52条の7の4第1項の超えた時間が1月当たり80時間を超えた労働者の氏名及び当該労働者に係る当該超えた時間に関する情報

　平成 29 年と平成 31 年の労働安全衛生法等の改正により、企業・団体側から産業医に対して各種の情報提供が義務付けられました。その一つが「産業医が**健康診断の結果など**から就業判定（**就労判定**）の作業を行う際に事業者が提供すべき各種の情報」があります。それらの情報がなければ的確な判断が難しくなりますので、もれなくタイムリーに、そして出来るだけ工夫してわかりやすく産業医に提供するために、下記のような「**事業者が用意すべき資料**」を考えてみました。それぞれの事業の性質によって提供しなければならない情報は異なりますので、衛生委員会等で産業医を交えて話し合って決めてください。

　例えば、通勤や営業で車を使う事業場では「業務または通勤での車の利用」という情報がなければ、視力・聴力などに問題がある方や、運転禁止の薬剤を使用している可能性のある従業員に対する就業判定（就労判定）に悩むことになります。

図表 5-18　事業者が用意すべき資料の例

1. 健康診断後の就労判定作業の際に　　事業者が 用意すべき資料（例）

・過去の健康診断の結果
・過去に就労制限があった場合には
　その情報
・労災・休業・休職などの履歴
・業務または通勤での車の利用
・交代勤務・深夜勤務など勤務形態と
　それに伴い配慮すべき事項
・通常の労働時間や長時間労働の有無
・作業環境
・有機溶剤などの利用状況
・その他

衛生委員会での審議を行って会社の実情に合った資料を提供

　情報提供する内容が決まったら、産業医が見やすい形式にして情報提供するにはどうしたらよいかを検討します（付録の P147-148 で例を示していますので、これを参考にエクセルなどを利用して複数名分を一括して作成するなどの工夫をしてみてください）。

図表 5-19　産業医への情報提供書　就業判定用（イメージ）

産業医への情報提供書（定期健康診断等の就業判定用情報）　No.____.

<table>
<tr><td>社　名</td><td colspan="3"></td><td>事業場名</td><td colspan="4"></td></tr>
<tr><td rowspan="4">対象者</td><td>(社員・スタッフ番号等)</td><td colspan="2"></td><td>所　属</td><td colspan="2"></td><td>部</td><td>課</td></tr>
<tr><td>氏　名</td><td colspan="2"></td><td>性　別</td><td>男・女</td><td>年齢</td><td>歳</td><td>役職名等</td></tr>
<tr><td>入社後の年数</td><td colspan="2">約（　　）年（　　）か月</td><td>社内職歴等</td><td colspan="4"></td></tr>
</table>

<table>
<tr><td>①添付資料</td><td>☐ 対象労働者の過去の健康診断の結果・会社が把握している基礎疾患など
☐ 過去に就労制限があった場合には診断書などの情報
☐ 労災・休業・休職などの履歴
☐ その他の添付書類　　　　　　　　　　　　　　｜</td></tr>
<tr><td>②通常の業務状況
　通勤状況</td><td>①職場環境　　☐ ホワイトカラー職場　　☐ ブルーカラー職場
　　☐ 特殊な職場｛　　　　　｝
②職位　☐ 時間管理外の管理職　　☐ 管理職　　☐ 一般職
　　☐ 専門職その他｛　　　　　｝
③通勤　☐ 電車・バス等での通勤　　☐ 車・バイク等での通勤
　　☐ 自転車での通勤　　☐ 歩いての通勤
　　☐ その他｛　　　　　　　　　　　　　　　　　　｜
④業務　☐ 社用車等車の利用あり　　☐ 構内での車両の運転あり
　　☐ その他｛</td></tr>
<tr><td>③通常の労働時間や
　長時間労働の有無</td><td>①通常の勤務開始時刻（　　）時（　　）分〜
　通常の勤務終了時刻（　　）時（　　）分
②通常の労働時間（　　）時間（　　）分　休憩時間（　　）分
③直近月での長時間労働の有無
　☐ 100 時間超　☐ 80 時間超　☐ 60 時間超　☐ 45 時間超
　☐ 45 時間未満　☐ 短時間労働者</td></tr>
<tr><td>④交代勤務・深夜勤務など
　勤務形態とそれに伴い
　配慮すべき事項</td><td>①交代勤務　　☐ あり（　　）交代制　☐ なし　　☐ 特殊な職場｛
②深夜勤務の回数（　　）回／月
③交代勤務の形態（
④配慮すべき点など｛</td></tr>
<tr><td>⑤作業環境等</td><td>①配慮すべき特殊な作業環境　　☐ あり｜内容：　　　　｝☐ なし
②配慮してもらいたい点など｛</td></tr>
<tr><td>⑥有機溶剤などの利用状況等</td><td>①有機溶剤の使用　　☐ あり｛主たる溶剤：　　　　　｝☐ なし
②その他の特定業務従事者となる業務｛　　　　　｝☐ なし
③過去の特殊健康診断の結果　　☐ 直近の健診で異常あり
　☐ 過去に異常あり　　☐ 過去にも異常はなし
④配慮してもらいたい点など｛</td></tr>
<tr><td>⑦出張の回数・時間等</td><td>①出張　☐ 宿泊出張あり（　　）回／月　（　　）泊程度／月
　☐ 海外出張あり（　　）回／月　（　　）泊程度／月
　☐ 新幹線・飛行機を利用する日帰り出張あり（　　）回／月
　☐ 出張はほとんどなし</td></tr>
<tr><td>⑧その他</td><td>裁量労働の有無など</td></tr>
</table>

※作成年月日　　年　月　日　　作成者　部署（　　　　　　　　　）氏名（　　　　　）

　同様に、**長時間労働者に対する医師面接指導**の際にも企業・団体側から産業医に対して情報提供が義務付けられています。その際には、①作業環境、②労働時間、③労働密度、④深夜業の回数及び時間数、⑤作業態様、⑥作業負荷の状況、⑦過去の健康診断の結果等の情報を産業医に提供しなければなりません。こちらも上記の情報提供書とほぼ同一のもので問題ないと思われますので、衛生委員会等で産業医と話し合って作成し、使いながら適宜改良していけばよいと思います。最初は必要最小限の項目からスタートするとよいでしょう（P147-148 参照）。

（佐藤）

図表 5-20　過重労働者の医師面接に必要な資料

過重労働者医師面接指導の際に
事業者が 用意すべき資料

・作業環境
・労働時間
・労働密度
・深夜業の回数及び時間数
・作業態様
・作業負荷の状況
・過去の健康診断の結果等

衛生委員会での
審議を行って会社
の実情に合った
資料を作成

コラム 産業医への担当者からの情報提供～実務上の疑問 ────────────

　産業医への情報提供に際して、実務担当者からよく聞かれる事柄が、厚生労働省基発 1228 第 16 号（平成 30 年 12 月 28 日）、改正基発 0329 第 2 号（平成 31 年 3 月 29 日）に掲載されていますので以下に引用して説明します。

　まず、月の法定時間外労働時間が 80 時間を超えた労働者が**いない場合**でも産業医に毎月報告しなければならないのでしょうか、という質問ですが、その場合でも対象となる者が誰もいないということを産業医に報告しなければなりません。

第 1　産業医・産業保健機能の強化

> 問5　事業者が産業医等に提供する労働者の健康管理等を行うために必要な情報のうち、「休憩時間を除き 1 週間当たり40 時間を超えて労働させた場合におけるその超えた時間（以下「時間外・休日労働時間」という。）が1 月当たり80 時間を超えた労働者の氏名、当該労働者に係る当該超えた時間に関する情報」とあるが、該当する労働者がいない場合においても、産業医に情報を提供しなければならないか？

> 答5　時間外・休日労働時間（高度プロフェッショナル制度対象者については、健康管理時間の超過時間）が1 月当たり80 時間を超えた労働者がいない場合においては、該当者がいないという情報を産業医に情報提供する必要がある。

次に、産業医への報告は書面でしなければならないのか、という疑問に対しては、電子メール等でもよいが、提供した情報については「記録・保存しておくことが望ましい」となっています。

第1　産業医・産業保健機能の強化

> 問7　事業者は、産業医等に労働者の健康管理等に必要な情報を書面により提供しなければならないのか。また、事業者が産業医等に提供した情報については、保存しておく必要があるか？

> 答7　事業者が産業医等に情報を提供する方法としては、書面による交付のほか、磁気テープ、磁気ディスクその他これらに準ずる物に記録して提供する方法や電子メールにより提供する方法等がある。
> また、産業医等に提供した情報については、記録・保存しておくことが望ましい。

毎月の労働時間については、その情報をどのような時期にどのような方法で伝えればよいか、という質問ですが、例えば給与明細に記載することで構わないという答えになっています。ただし、1か月に法定時間外労働時間が80時間を超えた労働者がいる場合は、算定後速やかに（おおむね2週間以内）本人に通知する必要があります。

第2　面接指導等

> 問4　労働者への労働時間に関する情報の通知は、どのような方法で行えばよいか？　また、どのような時期に行えばよいか？

> 答4　事業者は、（中略）1月当たりの時間外・休日労働時間の算定を毎月1回以上、一定の期日を定めて行う必要があり、当該時間が1月当たり80時間を超えた労働者に対して、当該超えた時間を書面や電子メール等により通知する方法が適当である。なお、給与明細に時間外・休日労働時間数が記載されている場合には、これをもって労働時間に関する情報の通知としても差し支えない。

（問5略）

> 答5　（前略）時間外・休日労働時間が1月当たり80時間を超えた労働者に対して、当該超えた時間の算定後、速やかに（おおむね2週間以内をいう。）通知する必要がある。

1か月の法定時間外労働時間が80時間を超えていない労働者から労働時間についての情報を求められた場合に応じる必要があるかどうかですが、厚生労働省はその場合でも開示依頼に応じることが望ましいとしています。どちらにしても、これからは全社員の労働時間を3年間保存しておかなければなりませんので、答えられないというのは論外ということになります。

第２　面接指導等

> 問6　時間外・休日労働時間が１月当たり80 時間を超えない労働者から、労働時間に関する情報について開示を求められた場合には、応じる必要はあるか？

> 答6　労働者が自らの労働時間に関する情報を把握し、健康管理を行う動機付けとする観点から、時間外・休日労働時間が１月当たり80 時間を超えない労働者から、労働時間に関する情報について開示を求められた場合には、これに応じることが望ましい。

　次に、海外派遣などで面談が出来ない場合にはどうするのか、という質問についてですが、出来れば担当する産業医が WEB 面談などを利用して面接を実施する、それが出来ない場合は書面や電子メールを使ってフォローし、帰国後速やかに面接を実施するようにと答えています。

第２　面接指導等

> 問2　海外派遣された労働者（短期の海外出張などであって、「新労基法」が適用される場合に限る。）について、時間外・休日労働時間（高度プロフェッショナル制度対象労働者については、健康管理時間の超過時間）の算定後（労働者からの申出が必要な場合は申出後）、遅滞なく、面接指導を実施することが困難な場合には、面接指導の実施方法・時期はどのようにすればよいか？

> 答2　海外派遣された労働者が面接指導の対象となった場合には、平成27年９月15 日付け基発0915 第5号「情報通信機器を用いた労働安全衛生法第66 条の8 第1項及び第66 条の10 第3項の規定に基づく医師による面接指導の実施について」に基づき、情報通信機器を用いた面接指導を実施することが適当である。
> また、上記の対応が困難な場合には、書面や電子メール等により当該労働者の健康状態を可能な限り確認し、必要な措置を講じることが適当であり、この場合には、帰国後、面接指導の実施が可能な状況となり次第、速やかに実施する必要がある。

8　社長が追いつめられるとき　Ⅰ～長時間労働者対策 ★★★

　長時間労働者の医師面接指導に関して、平成 31 年の４月からスタートした新労働安全衛生法に従って変更となった部分を図表5-21 で、□で囲んで示しています。
　まず、月に 80 時間を超える時間外労働者に関する情報を毎月、**必ず産業医に報告**すること、出来れば書面（メール等も可能）となりました。80 時間を超える時間外労働者がいない場合は誰も

対象者がいないということを報告しなければなりません。

　長時間労働者の就業上の措置に関して、産業医から何らかの意見や指示が出た場合、事業主側は必要な措置を取ることになりますが、その措置の内容についても報告する義務があります。何も措置が出来なかったような場合は、出来なかった事実とその理由を産業医に対して報告しなければなりません。

　そのような状況が数か月も続くと、産業医から「勧告」が出されることがあります。それは、何もしないで放置したままにすると産業医も労働者から訴えられる場合があるからです。産業医の勧告権は以前から存在していましたが、今回の改正で明確化されたことにより、産業医としての自分の身を守るためにも「勧告」をせざるを得ない立場になりました。

　ただし、産業医がいきなり「勧告」を行ってよいわけではありません。産業医としては出来るだけ事業主側に対して「助言」「指導」を行い、どうしても改善されない場合に、事前に事業主側に通告をしたうえで「勧告」文書を提出する形を取ることになります。

　それでも「勧告」が出た場合、事業主側は「遅滞なく」、つまり、およそ1か月以内に、（安全）衛生委員会に対してその勧告の内容とそれに対して講じた措置、または講じようとしている措置の内容、措置を講じない場合にはその理由を報告しなければなりません。それにより勧告が出たことを全社員が知ることとなるわけですから、事業主としては何とかその手前で対応するというのが現実的でしょう。産業医のほうもこの“「勧告」という伝家の宝刀を抜くそぶり”をすることで、事業主に何らかの改善を迫ることが出来るようになるわけです。

（佐藤）

図表 5-21　医師による面接指導

長時間労働者に対する医師による面接指導の新しい流れ

①事業者が全ての労働者の労働時間の状況を把握

②事業者が産業医に時間外労働時間80h/月超の労働者の 情報を提供 （毎月必ず）
出来るだけ書面

③産業医が情報を基に労働者に面接指導の申出を勧奨

④時間外労働時間 80h/月 超ほかの労働者が事業者に面接指導の申出

⑤事業者が医師による面接指導を実施

⑥事業者が医師から労働者の措置等に関する意見を聴く

⑦事業者が医師の意見を踏まえて 必要な措置を講じる

⑧事業者が産業医に措置内容を情報提供（新規）

⑨措置状況を確認した産業医が労働者の健康確保に必要があると
　認める場合は 事業者に勧告

⑩事業者が産業医の勧告内容を衛生委員会に報告（新規）

出典：広島労働局公開リーフレット（一部改変）

コラム 労働安全衛生法関係での「直ちに」「速やかに」「遅滞なく」の違い──────

　労働基準監督署の是正勧告書や指導書に書かれている文言でわかりにくい言葉の一つに「直ちに」「速やかに」「遅滞なく」という言葉があります。

　「直ちに」とは、理由はどうあれすぐに行え！ということで緊急に対応しなければなりません。「速やかに」とはおおむね2週間以内に対応しろということで、「直ちに」に次ぐ緊急性を求めています。「遅滞なく」の場合はおおむね1か月以内に対応しろということですので、他の2つに比べて緊急性は低いといえます。法律の条文をお読みになるときに参考にしてください。

図表 5-22　「直ちに」「速やかに」「遅滞なく」の違い

「直ちに」とは、理由はどうあれ、すぐに行え

「速やかに」とは、おおむね2週間以内

「遅滞なく」とは、おおむね1か月以内

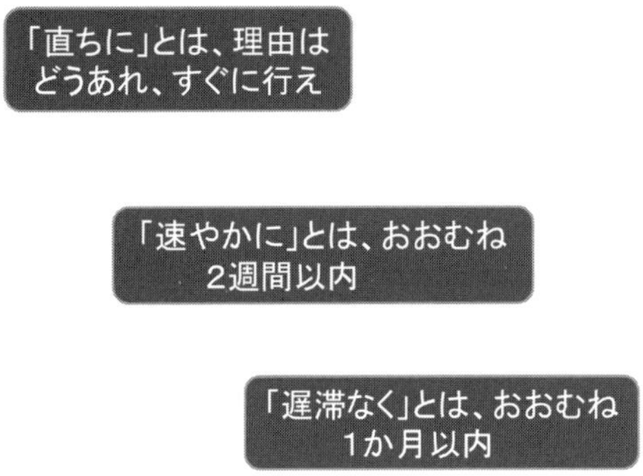

出典：厚生労働省基発0907 第2号
（平成30年9月30日）を参考に作成

⑨　長時間労働対策としての「法定時間外勤務時間管理表」 ★★★

　社内に適当な時間管理システムがない中小企業の場合、時間管理の担当者は下記のような計算表を参考にしながら個々人の「**法定時間外勤務時間管理表**」を作成して、残りの時間外労働可能時間を計算して本人と管理監督者に示すことが大切です。

　次ページの表はエクセルで作ったものです。まず単月で**100時間未満**の設定で、次に**複数月平均80時間未満**でなければなりませんので、2か月平均、3か月平均、4か月平均、5か月平均、6か月平均のそれぞれでも80時間未満になっているかチェック出来るようになっています。

　休日労働を含めないで**年間720時間**が上限ですので、そちらを使い切った場合は**休日労働**135時間分**を含めても計算上年間855時間が上限**となると考えられます。もちろん、そこまで達しないように時間外労働を制限していくべきですが、中小企業でどうしてもそれが出来ない場合は、法律違反にならないために年間855時間以内に収めなければなりません。事業主は「法定時間外勤務時間管理表」を作成させて年間で管理しておいてください。

図表 5-23　最大労働時間の管理

３６協定に特別条項を付加して、法律を遵守した場合の年間最大時間外労働時間（例）

＊法定労働時間の上限、月100時間未満（休日労働を含める）、2～6か月平均で80時間以下（休日労働を含める）、法定時間外労働時間年720時間＋休日労働時間＝最大でも855時間／年　　（正確には、上記の時間内で３６協定に記載された時間までとなります）

月	1	2	3	4	5	6	7	8	9	10	11	12	1	2	3	休日労働を含む年間時間外労働時間の限界時間／年
法定時間外労働時間数	75時間	45時間	75時間	45時間	75時間	45時間	75時間	45時間	75時間	45時間	75時間	45時間	75時間	45時間	75時間	720時間
休日労働時間数	22時間30分	0時間	22時間30分	0時間	22時間30分	0時間	22時間30分	0時間	22時間30分	0時間	22時間30分	0時間	22時間30分	0時間	22時間30分	135時間
合計時間	97時間30分	45時間	97時間30分	45時間	97時間30分	45時間	97時間30分	45時間	97時間30分	45時間	97時間30分	45時間	97時間30分	45時間	97時間30分	855時間
計算式	97.5	45	97.5	45	97.5	45	97.5	45	97.5	45	97.5	45	97.5	45	97.5	855.0

2か月平均
- 71.25　71.25　71.25　71.25　71.25　71.25　71.25　71.25
- 71.25　71.25　71.25　71.25　71.25　71.25　71.25

3か月平均
- 80　62.5　80　62.5　80
- 62.5　80　62.5　80　62.5
- 80　62.5　80　62.5　80

4か月平均
- 71.25　71.25　71.25　71.25
- 71.25　71.25　71.25　71.25
- 71.25　71.25　71.25　71.25
- 71.25　71.25　71.25

5か月平均
- 76.5　66　76.5
- 66　76.5　66
- 76.5　66　76.5
- 66　76.5　66　76.5

6か月平均
- 71.25　71.25　71.25
- 71.25　71.25　71.25
- 71.25　71.25　71.25
- 71.25　71.25
- 71.25　71.25

出典：日本産業医支援機構

10　「名ばかり産業医」対策

　対応が難しい場合の「勧告」も事業主にとっては頭の痛い問題でしょうが、それは産業医をちゃんと雇っている事業場の話です。たとえ産業医の選任をして労働基準監督署に届け出はしていても、実態が伴っていない、いわゆる「名ばかり産業医」の場合はもっと深刻です。

　今回の改正では、「産業医の業務の内容の周知」が義務付けられました（新安衛法第 101 条並びに新安衛則第 98 条）。

　事業主は、例えば以下のようなポスターを常時各作業場の見やすい場所に掲示し、または備え付けるか、書面を労働者に交付する、事業場内のイントラネットの電子掲示板に掲載しておくなど、

いずれかの方法で周知を図らなければいけません。**労働基準監督署の監督官は、それを現場で確認していくことになります。**

図表 5-24　産業医を事業所内で周知する例（定期訪問）

この事業場の産業医を紹介します

1.産業医氏名:　　　株式会社○○○○　○○事業場
○○　○○　先生

2.産業医としての業務:
職場巡視・安全衛生委員会参加・健康診断結果に対しての就労判定・健康相談対応・長時間労働者や復職者に対する各種の面接指導・意見書の作成・健康教育・意見書報告書類の作成・その他関連業務

3.産業医の訪問予定日(原則として)
毎月　第○　○曜日　○○:00～○○:00

4.面談希望の申込先:
○○○部　　○○課　担当者　○○　○○
内線　○○○(昼休みを除く通常勤務時間内)
メールアドレス:soumu@shien.co.jp

5.相談内容例
健康診断の結果に関しての相談、生活習慣病に関しての相談、体調不良や睡眠障害などに関する相談、新型コロナウイルス感染症に関する相談、長時間労働時の健康相談、ストレスチェック結果に対する相談、こころの健康相談、職場の人間関係からくる体調不良などの相談など何でも気軽に相談してみてください

毎月、２か月に１回など定期的に訪問してもらっている産業医は上記の内容でよいかと思いますが、不定期の場合はせめて次の例のような内容を表示しておくことが必要でしょう。

図表 5-25　産業医を事業所内で周知する例（不定期訪問）

この事業場の産業医を紹介します
株式会社○○○○　○○事業場

1.産業医氏名:　○○　○○　先生

2.産業医としての業務:
職場巡視・安全衛生委員会参加・健康診断結果に対しての就労判定・健康相談対応・長時間労働者や復職者に対する各種の面接指導・意見書の作成・健康教育・意見書報告書類の作成・その他関連業務

3.産業医の訪問予定日(原則として)
前月末までに来社時間帯を社内通知を致します
訪問日以外は○○先生のクリニックで予約制で対応

4.面談希望の申込先:
○○○部　　○○課　担当者　○○　○○
内線　○○○(昼休みを除く通常勤務時間内)
メールアドレス: soumu@shien.co.jp

5.相談内容例
健康診断の結果に関しての相談、生活習慣病に関しての相談、体調不良や睡眠障害などに関する相談、新型コロナウイルス感染症に関する相談、長時間労働時の健康相談、ストレスチェック結果に対する相談、こころの健康相談、職場の人間関係からくる体調不良などの相談など何でも気軽に相談してみてください

（佐藤）

高度プロフェッショナル制度をご検討の経営者の方へ————

　働き方改革関連法案の審議の中で、参議院の附帯決議が次のように記載されました。

　そこには、労働時間の状況の把握の義務化や、高度プロフェッショナル制度における「健康管理時間」の把握について、事業主による履行を徹底し……（中略）と書かれています。また、「健康管理時間」は客観的な方法による把握を原則とし……（中略）と表現されています。

　労働安全衛生法史上初めて登場した「健康管理時間」とはいったいどういうものなのでしょうか。これは、高度プロフェッショナル制度に対して適用される新しい時間概念です。

　「健康管理時間」は、①事業場内にいた時間（在社時間）と②事業場外で労働した時間の合計時間のことをいいます。①の部分はタイムカードや事業場の出入時間管理などによる客観的な時間把握が必要とされますが、自宅で労働した時間と客先で労働した時間など②の部分についてのみ自己申告を認めるとのことです。

図表 5-26　附帯決議

働き方改革を推進するための関係法律の整備に関する法律案に対する附帯決議
参議院厚生労働委員会

二十四、今般の改正により新設される労働時間の状況の把握の義務化や、高度プロフェッショナル制度における健康管理時間の把握について、事業主による履行を徹底し、医師による面接指導の的確な実施等を通じ、労働者の健康が確保されるよう取り組むこと。

二十五、高度プロフェッショナル制度の対象となる労働者の健康確保を図るため、「健康管理時間」は客観的な方法による把握を原則とし、その適正な管理、記録、保存の在り方や、労働者等の求めに応じて開示する手続など、指針等で明確に示すとともに、労働基準監督署は、法定の健康確保措置の確実な実施に向けた監督指導を適切に行うこと。

図表 5-27　高度プロフェッショナル人材の健康管理時間

「健康管理時間」は高度プロフェッショナルに
適用される時間概念ですが・・・

「健康管理時間」＝健康管理をしなければならない時間 ○

健康管理時間には
客観的な方法（タイムカードや
パソコンの起動時間等）
①事業場内にいた時間(在社時間)＋
②事業場外において労働した時間
の合計の把握が必要！　②に限り自己申告を認める予定
ただし、事業場内における部活動、レクリエーション、食事時間
や休憩時間などは労使委員会の決議により労働時間以外に
することが出来る

　私は、将来この「健康管理時間」の把握が事業場外みなし労働やテレワーク、場合によっては通常の時間外労働全体にも適用されるとみていますので、高度プロフェッショナル制度を採用しない会社でも、

この概念は理解しておかなければならないと考えます。

　例えば、定時 9 時～17 時の会社で、毎日 5 時間残業している社員がいる場合で考えてみましょう。法定労働時間は 8 時間ですので、残業 5 時間のうち 1 時間は法定内残業時間となり、残る 4 時間が法定外労働時間となります。これを毎日続けて月に 21 日働くと合計 84 時間となり、それを毎月繰り返せば法律違反となりますので、この社員の「健康管理時間」として複数月の法定時間外労働時間を月平均 80 時間以内に抑えるよう指導されるということになります。

　令和時代は**「残業時間」**というよりも**「健康管理時間」**で話し合う時代となるのです。

コラム　「裁量労働制」を採用している経営者の方へ────────────────

　裁量労働制を採用している企業も多いと思いますが、労働基準監督署は不適切な運用に対しては厳しい対応で臨むことになりました。企業の経営トップに対して直接指導を行い、同時に企業名も公表する厳しい内容です。名前が知れ渡っている大企業や団体は特に注意が必要です。

図表 5-28　法律案の附帯決議

裁量労働制の不適正な運用が認められた
企業への指導及び公表について

厚生労働省では、2018 年 12 月 28 日に閣議決定された「労働施策基本方針」を踏まえ、監督指導に対する企業の納得性を高め、労働基準法等関係法令の遵守に向けた企業の主体的な取組を促すため、裁量労働制の不適正な運用が複数の事業場で認められた企業の経営トップに対する都道府県労働局長による指導の実施及び企業名の公表を行う場合の手続を定めました。

都道府県労働局では、これまでも労働基準監督署における監督の結果、事案の態様が、法の趣旨を大きく逸脱しており、これを放置することが全国的な遵法状況に悪影響を及ぼすと認められるものについて、都道府県労働局長が企業の幹部に対して特別に指導を行い、行政の対応を明らかにすることにより、同種事案の防止を図る観点から、その事実を明らかにしてきたところであり、今般その手続を明確化したものです。

2019 年 1 月 25 日　基発 0125 第 1 号　平成 31 年 1 月 25 日より（一部筆者が加工）

　個々の労働者の裁量労働ではないような労働なのに、給与を削減する目的で裁量労働制としているような場合で、全国のいずれか一つの事業場に労働基準監督署が調査に入って①裁量労働対象労働者の 3 分の 2 以上が裁量労働と認められる業務以外の業務に従事しており、②1 人でも月 100 時間以上の長時間労働が認められたような場合には、本社及び支社等の複数の事業場に調査が入り、その結果複数の事業場で不適切な運用があった場合は、本社を管轄する労働局長による代表取締役など経営トップに対する指導が行われ、同時に企業名と違反の内容が公表されます。

　図表 5-30 で YES、NO でたどっていけば結果がわかるように作成してみましたので、担当者の方は自社の場合にあてはめてチェックしてみてください。

図表 5-29　裁量労働制についての指導

裁量労働制に係る指導・公表制度について
(複数の事業場を有する大企業が対象)

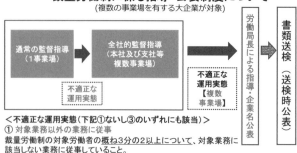

＜不適正な運用実態（下記①ないし③のいずれにも該当）＞

① 対象業務以外の業務に従事
裁量労働制の対象労働者の概ね3分の2以上について、対象業務に該当しない業務に従事していること。

② 労働時間関係違反
①に該当する労働者の概ね半数以上について、労基法第32・40条（労働時間）、35条（休日労働）又は37条（割増賃金）の違反が認められること。

③ 長時間労働
②に該当する労働者の1人以上について、1か月当たり100時間以上の時間外・休日労働が認められること。

3　局長による企業の経営トップに対する指導及び企業名の公表

⑴ 本社管轄の局長による指導
（中略）監督指導において、不適正な運用実態が組織的に複数の事業場で認められる場合であって、当該企業が裁量労働制を相当数の労働者に適用しているときは、当該企業の代表取締役等経営トップを本社管轄の労働局へ呼び出した上で、局長より早期に法違反の是正に向けた全社的な取組を実施することを求める指導書を交付することにより指導すること。

⑵ 企業名の公表
上記⑴の指導を実施した際に、以下について公表すること。

ア　企業名
イ　裁量労働制の不適正な運用、それに伴う労働時間関係違反等の実態
ウ　局長から指導書を交付したこと
エ　当該企業の早期是正に向けた取組方針

厚生労働省 基発0125第1号 平成31年1月25日より

図表 5-30　裁量労働制にかかる指導・公表制度・ルール

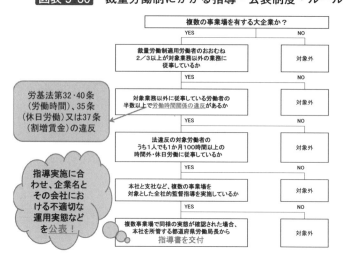

（佐藤）

11　社長が追いつめられるとき　Ⅱ
～社長には最も厳しい対応が迫られる時間管理

　労働基準法や労働安全衛生法の改正で時間外労働時間の把握が義務付けられました。しかも、それは管理監督者を含む執行役員以下のすべての労働者に対しての、事業主側の義務となったわけです。

　さらに、今回はその把握の方法や保管期間についても細かく義務付けられています。

図表 5-31　時間管理と面接指導

※その他の面接指導に係る事項として、一及び第六十六条の八の面接指導制度に関し、全ての労働者を対象として、労働時間の把握について、客観的な方法その他適切な方法によらなければならないものとする旨を厚生労働省令で定める。

①労働時間の状況の把握方法は、タイムカードによる記録、パーソナルコンピュータ等の電子計算機の使用時間の記録等の客観的な方法その他の適切な方法とする。
②事業者は、①の記録を作成し、三年間保存するための必要な措置を講じなければならない。

（◆安衛法◆第66条◆第8項3、4及び◆新安衛則◆第52条◆第7項3他関係）

　すべての労働者に対する労働時間の把握が義務付けられているなんてどこに書いてあるんだ！と、担当者が社長から言われたら、労働時間管理について、厚生労働省　基発1288第16号で平成30年12月28日に通達が出ています（平成31年3月29日に一部改正・基発0329第2号）ので、それを見せて説明してください。そこには事業場外のみなし労働時間制の適用者であれ、裁量労働者であれ、管理監督者であれ、労働時間を把握するよう書いてあります（ちなみに、高度プロフェッショナル制度の適用者も「健康管理時間」の把握という形で労働時間を把握しなければいけないことになっていますので、すべての労働者が対象ということになります）。

図表 5-32

第2　面接指導等

> 問11　労働時間の状況を把握しなければならない労働者には、裁量労働制の適用者や管理監督者も含まれるか？

> 答11　労働時間の状況の把握は、労働者の健康確保措置を適切に実施するためのものであり、その対象となる労働者は、高度プロフェッショナル制度の適用者を除き、
> ①研究開発業務従事者、
> ②事業場外労働のみなし労働時間制の適用者、
> ③裁量労働制の適用者、
> ④管理監督者等、
> ⑤派遣労働者、
> ⑥短時間労働者、
> ⑦有期契約労働者　を含めた全ての労働者である。

労働時間管理（厚生労働省　基発 1228 第 16 号）より

　実際に**管理監督者**であるテレビ局のプロデューサーが長時間労働が原因で死亡したときも**労働者として労災認定**されていますので、管理監督者もまた労働者であることがおわかりになると思います。

図表 5-33　管理監督者の労災認定

> テレビ局のドラマのプロデューサーだった男性社員＝当時（54）＝が2015年に心不全で死亡し、三田労働基準監督署（東京）が長時間労働による過労が原因だったとして労災認定していたことが17日、分かった。
>
> 　同社広報部によると、男性は労働基準法上、原則的に労働時間の規制が適用されない「管理監督者」だった。13年7月に出張先のホテルで心臓疾患で倒れて病院に搬送され、療養を続けていたが、15年2月に心不全で死亡した。
>
> 男性は、倒れる前3カ月の時間外労働が月70〜130時間程度に上り、「過労死ライン」とされる80時間を超えていた。三田労基署は14年10月に労災と認め、死亡後の15年7月には残業と死亡との因果関係も認めて過労死と認定したという。
>
> （2018/05/17-10:10）　時事ドットコムニュース　より

　時間管理についてまとめてみると、平成 31 年の 3 月までは主に残業代などの支払い、賃金計算のための労働時間把握という形でしたが、平成 31 年 4 月からは疲労の発生・蓄積の把握のための労働時間把握という形に変わったのです。

　平成 31 年の 3 月までは、残業代の未払いを監督する労働基準監督署が法律に則っているかをチェックしてくるので労働者の労働時間を把握するようにしていましたが、残業代の支払義務のない管理監督者についてはきちんと管理されていなかったと思います。

　これからは 140 万人といわれる管理職も時間管理の対象となり、争う相手としても労基署よりも

88

裁判所を意識しなければならない時代になりました。今後は労働局や裁判所で「安全配慮義務を果たしていたのか」「健康配慮義務を果たしていたのか」が争われることになります。

図表 5-34　労働時間の管理、平成 31 年 3 月までと 4 月以降の違い

＜平成 31 年 4 月以降は労働時間の把握をしなければならない理由が変わりました＞

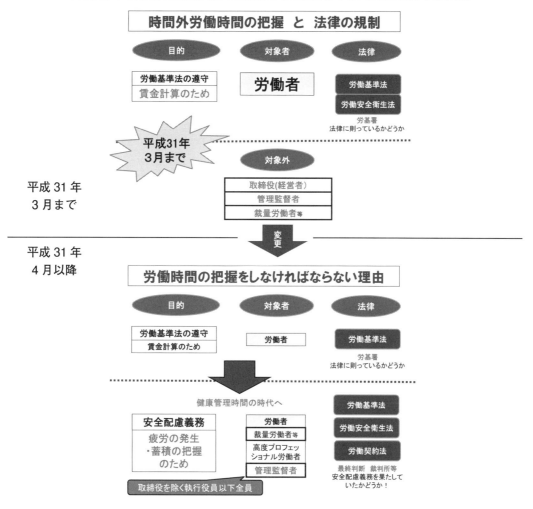

また、今後は働き方改革の影響で一般労働者の残業は減らさなければならないとなると、時間管理規制が弱く、逆に病気のリスクが高い**中高年の管理監督者や裁量労働者**にそのしわ寄せが来ると思われます。令和時代の労務管理上のリスクの特徴として、中高年の管理監督者や裁量労働者たちのリスクが高くなることを意識して、先手を打っていかなければならないのではないでしょうか。

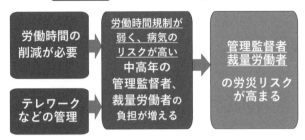

図表5-35　働き方改革の最大の課題

労働時間の削減が必要 →
テレワークなどの管理 →
労働時間規制が弱く、病気のリスクが高い中高年の管理監督者、裁量労働者の負担が増える →
管理監督者裁量労働者の労災リスクが高まる

あらゆる労働者の労働時間の把握と
管理監督者・裁量労働者の
健康管理の徹底が必要！

（佐藤）

12　社長が追いつめられるとき　Ⅲ ～産業医面接は社長の免罪符にはならない ★★★

　安全配慮義務のポイントとして、産業医の面接を受けさせたからそれでよし、ということにはならないことを、しっかり把握しておいていただきたいです。

　以下、判例の抜粋から見てみましょう。

（1）長時間労働によるうつ病

　Ｙ社はソフトウェアの開発、作成等を主たる業務とする会社です。Ｘは、Ｙ社の従業員として、大阪事業所内にあるソリューション統括部において、SEとして、プログラミング等の業務に従事していました。

　Ｘは、うつ病であるとの診断を受け、Ｙ社を欠勤するに至りましたが、このうつ病による欠勤などは安全配慮義務違反に基づくものであるとして、Ｙ社に対し、損害賠償等を求めました。なお、大阪中央労基署長は、Ｘの疾病が業務上のものであると認め、療養補償給付及び休業補償給付等を支給する旨の決定をしています（大阪地裁　平成20年5月26日）。

【大阪地裁の判断】

　Ｘの損害につき、総額約1,260万円の支払いを会社に命じました。

【裁判所の主な考え方】

1. 旧労働省は、通達「心理的負荷による精神障害等に係る業務上外の判断指針」において、精神障害等に関する業務上の疾病の判断について基準を示し、精神障害は、業務による心理的負荷、業務以外の心理的負荷及び個体側要因が複雑に関連して発病するとされていることから、精神障害の発病が明らかになった場合には、(1) 業務による心理的負荷の強度、(2) 業務以外の心理的負荷及び (3) 個体側要因について各々検討し、そのうえでこれらと当該精神障害の発病との関係について総合判断するものとしている。

2．Xには、恒常的に本件業務による強度の心理的負荷がかかっていたのに対し、業務以外の側面において、強度に心理的負荷がかかっていたとされるような事情はなく、Xの個体側要因を過大に評価し、これが客観的に精神疾患を生じさせるおそれがあるとみることは相当ではない。

3．Y社は、Xとの間の雇用契約上の信義則に基づき、**使用者として、労働者の生命、身体及び健康を危険から保護するように配慮すべき義務（安全配慮義務）を負い、その具体的内容として、労働時間、休憩時間、休日、休憩場所等について適正な労働条件を確保し、さらに、健康診断を実施したうえ、労働者の年齢、健康状態等に応じて従事する作業時間及び内容の軽減、就労場所の変更等適切な措置を採るべき義務を負うというべきである。**

4．なるほど、Y社は、1週間に1回、本件開発プロジェクトの進捗会議を開催し、個別の面談を行うなどとして、Xの作業の進捗状況を把握し、作業に遅れが出た場合にはXの補助をし、業務を一部引き継いだり、補充要員を確保するなどして、Xの業務軽減につながる措置を一定程度講じたことが認められる。

　しかしながら、Xの時間外労働時間は、上記業務軽減を行っても、なお1か月当たり100時間を超えており、このような長時間労働は、それ自体労働者の心身の健康を害する危険が内在しているというべきである。そして、Y社は、このようなXの時間外労働を認識していたのであるから、これを是正すべき義務を負っていたというべきである。

　それにもかかわらず、Y社は、上記義務を怠り、Xの長時間労働を是正するための有効な措置を講じなかったものであり、その結果Xは、本件業務を原因として、本件発症に至ったものである。

　従って、Y社は、Xに対する安全配慮義務に違反したものであるから、民法415条により、本件発症によってXに生じた損害を賠償すべき責任を負う。

5．（略）もとより、Xのような技術者は、一定期間に高度の集中を必要とする場合もあると考えられるため、勤務形態について、ある程度の裁量が認められるべきものであるとはいえるが、Xは、入社間もない時期に、生活が不規則にならないようにとの正当かつ常識的な指導・助言を上司・先輩から受けたにもかかわらず、これを聞き入れることなく自らが選んだ勤務形態を取り続けた結果、ついに本件発症に至ったものである。このような勤務態度が、原告の生活のリズムを乱し、本件業務による疲労の度合を一層増加させる一因となったことは明らかである。

　（略）そこで、Y社の安全配慮義務違反の内容・程度、Xの勤務状況、その他本件に現れた諸般の事情を考慮すれば、民法418条の過失相殺の規定を類推適用して、本件発症によって生じた損害の3分の1を減額するのが相当である。

　このように、長時間労働者の医師面接指導をしてもしなくても、法定時間外労働が80時間超えなら労災認定されるわけです。

　長時間労働者に対して医師面接指導をしたとしても、それだけで安全配慮義務を果たしたことにはならないのです。医師面接指導を実施していることは民事裁判でのある程度の評価を得ることは出来ると思いますが、法定時間外労働が月80時間を超える長時間労働をさせた段階で、労災認定されるリスクを確実に手にすることになってしまうのです。この点について経営層は勘違いしないことが大事です。

図表 5-36	労働契約法の改正内容

平成20年3月1日から施行された
労働契約法のポイント

民事訴訟における企業の「安全配慮義務」について
＝これまでは裁判所の判例を基に判断が下されていた。それらの根拠は安全配慮義務に対する債務不履行責任（民法415条）や不法行為責任（民法709条、715条）などを無理やり持ってきていた・・・

たった61文字の法律で企業のリスクは大きく膨らむことになってしまった・・・

（労働者の安全への配慮）
第5条　使用者は、労働契約に伴い、労働者がその生命、身体等の安全を確保しつつ労働することができるよう、必要な配慮をするものとする。

長時間労働者の医師面接指導をしてもしなくても
80時間超えなら労災認定！

医師面接指導をしたとしても、それだけで
安全配慮義務を果たしたことにはならない！

民事裁判での評価を得ることはできるが
経営層は勘違いしないこと！

長時間労働者医師面接は、むしろ、
長時間労働者にとっては罰ゲームに

図表 5-37	働かせ方改革 ??

働かせ方改革(??)は
会社をあげての総力戦！

経営層に危機意識がないと
前に進まない

経営層の自己リスクに関する
意識改革こそが重要

（2）致死性不整脈による死亡

　長時間労働も含めてですが、さらに経営者にとって気をつけなければならない問題があります。

　T事件という、津地裁で平成29年1月30日に出た判決についてご説明します。この会社はドーナツチェーンの三重県にあるフランチャイズ店です。2店舗の店長として勤務しながら、県内の他の9店舗でも店長不在時に代理業務を兼務していた、男性店長だった元従業員（注：判決文ママ）が致死性不整脈により死亡しました。

　ただし、元従業員は心筋梗塞、糖尿病等の持病があり、喫煙等も医者に止められていましたが、実際は自分の身体を気遣う様子もなく、喫煙もしていたようです。

　しかし、元従業員は死亡する2か月前まで、6か月間以上継続して、**毎月120時間を超える残業**を行い、恒常的な長時間労働であったとのことです。

　元従業員の遺族は会社と代表取締役に損害賠償を求めて裁判を起こし、会社側が敗訴しました。津地裁は**会社と社長らに約4,600万円の損害賠償の支払い**を命じました。

【裁判所の主な考え方1】

　元従業員の長時間労働について、①上司はこれを把握していたが、何の対策も取らずに放置していた。②長時間労働になった分析も実施してはいなかった。これらにより、安全配慮義務違反があると判断されました。

　遺族は会社と代表取締役らに約9,500万円の損害賠償を求めましたが、判決では減額され約4,600万円の支払いとなりました。それは下記の理由により約3割の過失相殺が行われたからでした。

＜過失相殺の理由＞　元従業員が持病により

①　喫煙を禁止されていたにもかかわらず、喫煙していたこと

②　肥満解消に運動を勧められていたが、運動していなかった

③　食事制限が必須であったが、脂っこいものを食べていた　　など

【裁判所の主な考え方2】

　代表取締役についても「重大な過失により、長時間労働を放置した任務懈怠（けたい）があった」とされ、元従業員の死亡という結果を招いたとして、責任を負うとされました。

　会社だけでなく経営者も責任を負うということです。**長時間労働は社員の問題というよりは経営陣の問題である**と私は思っています。

　会社（経営者）は社員の健康状況を把握して対策を立てないと、「安全配慮義務違反」になるリスクがかなり高くなっています。

　ここで、役員等が会社法上の損害賠償責任を負う可能性（任務懈怠責任）についてご説明しておきます。

図表 5-38　役員の損害賠償責任

役員等が会社法上の損害賠償責任を負う可能性
（任務懈怠責任）

会社法
（役員等の第三者に対する損害賠償責任）
第429条　役員等がその職務を行うについて悪意又は
重大な過失があったときは、当該役員等は、これによっ
て第三者に生じた損害を賠償する責任を負う。

☞役員等とは
　取締役、会計参与、監査役、執行役又は会計監査人（会社法423条1項）

☞悪意又は重大な過失とは
　会社に対する任務懈怠を認識していたか又は
　重大な過失により認識していなかったか

今回のように、法改正が行われると、それに伴い、代表取締役や取締役は「**会社法上の体制構築**
義務」が発生します。今回の労働基準法や労働安全衛生法の改正により、既に体制構築義務が発生
していますので、裁判や株主代表訴訟になってからでは遅いのです。

図表 5-39　代表取締役・取締役の責任

労働基準法や労働安全衛生法の改正

法改正が行われると、それに伴い
代表取締役や取締役は
「会社法上の体制構築義務」が
発生する！

社内の体制を構築できていない
会社・団体は急いでください！

（3）精神障害と労災

　続いて、オフィスで発生する"令和時代の労災"リスク対策を考えてみましょう。労働災害の発
生状況をみると、平成18年度ごろから脳・心臓疾患による労災申請を精神障害による労災申請が
上回るようになり、現状では精神障害の労災申請と認定が共に脳・心臓疾患の約2倍の状況になっ
ています。その原因となりやすい長時間労働に伴う健康問題や精神障害については、早い段階で医
師や産業保健スタッフなどの専門家が介入することで、労務問題にならずに済むことが可能になる

と思われます。精神障害が労災のメインであることを理解して対応してくれる産業医の確保が最も重要であることは当然ですが、その産業医が面談する相談室または面談室についても十分配慮しているでしょうか？

　従業員にとって自分のプライバシーが十分保護されていて、相談や面談の内容が他の人に漏れない保証を提供されている施設はまだ多くありません。従業員の休養室の隣に相談室や面談室を作っているケースを沢山見てきました。出来れば、面談者が他の従業員に顔を見られることなく相談や面談に訪れることが出来るルートの確保も大切です。

　ただ、多くの会社では面談専用の部屋の用意は難しいと思われます。従って、毎回のように日中の長い時間、会議室を占拠して復職面談や長時間労働者への面接対応を行っていて、そのため社内からクレームを受ける場合も多く見受けられます。

　家賃の高いオフィスでプライバシーが守られる面談室を用意するのは費用対効果の問題でも難しいという声も多いため、産業医業務を受託している日本産業医支援機構では社外の相談・面談専門施設を全国で展開し、長時間労働者やストレスチェック後の高ストレス者、復職予定者などの医師による相談・面接を実施しています。派遣会社や客先常駐が多い企業、小規模多店舗の企業など、プライバシーが守られる社内の面談室の用意が出来ない一般の会社では、面談のアウトソーシングを検討してみてはいかがでしょうか。

図表 5-40　労災発生状況

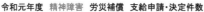

令和元年度　精神障害　労災補償　支給申請・決定件数

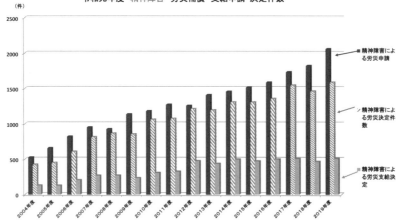

令和元年度　脳・心臓疾患　労災補償　支給申請・決定件数

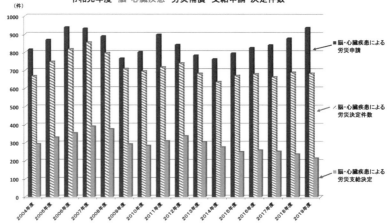

出典：令和2年6月26日　厚生労働省労働基準局

（佐藤）

コラム 良い産業医と悪い産業医の見分け方──

　私は東京都渋谷区の病院で事務長、事務局長を計12年ほど経験していましたので、沢山の先生方を面接したり、採用したりしました。また、前職で18年以上産業医の採用面接と雇用をしてきました。

　産業医を採用する際に私は、まず、社会人としてのレベルを確認します。アポイントの取り方、時間を守って来られるか、遅れる場合の連絡をきちんと入れられるか、面接にふさわしい服装や髪型、挨拶、名刺の出し方、話し方と聴き方、その他一般常識を観察して、医者である前に人として付き合っていけそうかどうかを見ます。

　また、産業医には臨床の専門科目はあまり関係ありません。産業医を養成する産業医科大学には内科・外科・整形外科・皮膚科・婦人科・小児科・精神科などほぼ全科があります。つまり、大企業で産業医が内科系とメンタル系などで業務を分担するケース以外は、臨床科目よりは適応能力を重視すべきだと思います。“小さく生んで大きく育てる”のたとえのごとく、初心者でも適応能力があり、企業・団体側

の担当者も含めて適切な勉強を続ければ、数年で優秀な産業医になります。特に産業医が就任した後もきちんと面倒をみる産業保健の専門紹介会社がついていれば、その成長はより確実なものになると思います。

13　パワハラ防止と経営者

いわゆるパワハラ防止法（労働施策の総合的な推進並びに労働者の雇用の安定及び職業生活の充実等に関する法律（略称：労働施策推進法））が成立し、大企業は令和2年6月から、中小企業も令和4年4月から適用となります。パワーハラスメントとは**①職場における優越的な関係を背景に、②業務上必要な範囲を超えた言動で、③就業環境を害するもの**であり、①〜③全てを満たすものとされました。企業側には、パワハラ相談窓口の設置、パワハラをした社員の処分内容を明示した就業規則の作成、相談者のプライバシーの保護などが求められます。

同時に、セクシャルハラスメント対策や妊娠・出産・育児等に関するハラスメント対策も強化されました。なお、妊婦には新型コロナウイルス感染予防対策でも配慮をすることが経営者に求められています。

令和元年5月8〜9日にかけて日本労働組合総連合会（略称：連合）がネットエイジア株式会社の協力で行った「仕事の世界におけるハラスメントに関する実態調査2019」によると、ハラスメントを受けた人の54％が「仕事のやる気喪失」、22％が「心身不調」、19％が「退職・転職」という結果となりました。特にハラスメントを受けた20代の男女の実に27.3％もの人が「仕事をやめた・変えた」と答えています（https://www.jtuc-rengo.or.jp/info/chousa/data/20190528.pdf）。

経営者として自社の若手の離職原因についてよく検討してみる必要があると思います（通常は退職者本人から本当の退職理由を聞けないと思いますので）。

さて、パワーハラスメント防止対策の法制化（労働施策総合推進法）施行を前に、厚生労働省は指針を出し（事業主が職場における優越的な関係を背景とした言動に起因する問題に関して雇用管理上講ずべき措置についての指針）、パワーハラスメント（以下パワハラ）に該当する・該当しないケースを例示しました。以下に該当例と非該当例を6つの代表的な言動の類型別に記載しておきますので、社内でこのような行為が見られることはないかを確認しておいてください。

図表 5-41 パワハラに該当すると考えられる例・しない例

代表的な言動の類型	（イ）該当すると考えられる例	（ロ）該当しないと考えられる例
(1) 身体的な攻撃（暴行・傷害）	① 殴打、足蹴りを行う ② 相手に物を投げつける	① 誤ってぶつかる
(2) 精神的な攻撃（脅迫・名誉棄損・侮辱・ひどい暴言）	① 人格を否定するような言動を行う。相手の性的指向・性自認に関する侮辱的な言動を含む ② 業務の遂行に関する必要以上に長時間にわたる厳しい叱責を繰り返し行う ③ 他の労働者の面前における大声での威圧的な叱責を繰り返し行う ④ 相手の能力を否定し、罵倒するような内容の電子メール等を当該相手を含む複数の労働者宛てに送信する	① 遅刻など社会的ルールを欠いた言動が見られ、再三注意してもそれが改善されない労働者に対して一定程度強く注意をする ② その企業の業務の内容や性質等に照らして重大な問題行動を行った労働者に対して、一定程度強く注意をする
(3) 人間関係からの切り離し（隔離・仲間外し・無視）	① 自身の意に沿わない労働者に対して、仕事を外し、長期間にわたり、別室に隔離したり、自宅研修させたりする ② 一人の労働者に対して同僚が集団で無視をし、職場で孤立させる	① 新規に採用した労働者を育成するために短期間集中的に別室で研修等の教育を実施する ② 懲戒規程に基づき処分を受けた労働者に対し、通常の業務に復帰させるために、その前に、一時的に別室で必要な研修を受けさせる
(4) 過大な要求（業務上明らかに不要なことや遂行不可能なことの強制・仕事の妨害）	① 長期間にわたる、肉体的苦痛を伴う過酷な環境下での勤務に直接関係のない作業を命ずる ② 新卒採用者に対し、必要な教育を行わないまま到底対応できないレベルの業績目標を課し、達成できなかったことに対し厳しく叱責する ③ 労働者に業務とは関係のない私的な雑用の処理を強制的に行わせる	① 労働者を育成するために現状よりも少し高いレベルの業務を任せる ② 業務の繁忙期に、業務上の必要性から、当該業務の担当者に通常時よりも一定程度多い業務の処理を任せる
(5) 過小な要求（業務上の合理性なく能力や経験とかけ離れた程度の低い仕事を命じることや仕事を与えないこと）	① 管理職である労働者を退職させるため、誰でも遂行可能な業務を行わせる ② 気にいらない労働者に対して嫌がらせのために仕事を与えない	① 労働者の能力に応じて、一定程度業務内容や業務量を軽減する
(6) 個の侵害（私的なことに過度に立ち入ること）	① 労働者を職場外でも継続的に監視したり、私物の写真撮影をしたりする ② 労働者の性的指向・性自認や病歴、不妊治療等の機微な個人情報について、当該労働者の了解を得ずに他の労働者に暴露する	① 労働者への配慮を目的として、労働者の家族の状況等についてヒアリングを行う ② 労働者の了解を得て、当該労働者の機微な個人情報について、必要な範囲で人事労務部門の担当者に伝達し、配慮を促す

出典：厚生労働省・前掲指針を一部改変

　指針に従えば「無能！」「辞めてしまえ！」などの発言は、業務を指示する会話の中で言ったとしても"業務上必要な範囲を超えた言動"とされ、アウトになります。しかし、厚生労働省の指針に該当しないから何をやっても良いというわけではありません。例えば、同僚の目前で叱責するのではなく、一人だけ別室に呼んで丁寧な口調ではあるが長時間にわたり詰問するなどの行為が発生しそうです。在宅勤務者が、上司や先輩にわからないことを聞いたら「聞くのが遅い！」「何でもっと早く聞かなかったのか！」と言われ、聞かないと「なんで聞かないの？」と言われるなど、他者からは見えにくい在宅勤務者や地域の営業所、工場などで発生している"隠れパワハラ"も増えていくと思われます。

　しかし、パワハラ防止法の本来の目的は「就業環境の改善」です。パワハラ相談の相当な分量は上司や先輩への文句であるとも言われていますし、最近では部下が徒党を組んで上司をのけ者にしたりする"逆パワハラ"も増えているそうです。これらのハラスメントは行為を行った従業員だけでなく、これを放置した場合は企業も賠償責任を問われることになりますので、経営者は日常から注意が必要です。

　例えば、企業・団体は年に1度以上、管理職を含む労働者に対してハラスメントなどに対する研修を行わなければなりません。労働者が労働局に駆け込み、個別労働紛争解決制度による助言・指導、あっせん、そして労働審判などが行われると、企業・団体側の普段からの予防対策が必ず問われます。その際に、何も対策をしていなかったのでは、相当不利になることは目に見えています。

　その点では、**ストレスチェックの活用**も良い方法だと思います。年に1度従業員のストレスを確認したり、組織としての問題点を洗い出す作業が出来るからです。筆者の体験からも、厚生労働省の「職業性ストレス簡易調査票57項目版」よりも、さらに組織分析が充実した「新職業性ストレス簡易調査票80項目版」もしくはそれと似た組織分析項目が多く含まれるストレス調査票をお勧めします。ストレスチェックの真の目的は組織分析とそれを利用した職場環境改善にありますので、是非取り組んでみてください。

　従業員数が50名未満の事業場には厚生労働省よりメンタルヘルス対策関係助成金の一つで「ストレスチェック助成金」を利用出来ます。受検者1人につき最大税込500円、高ストレス者の医師による面接指導でも1回の実施につき最大税込21,500円の助成金を受けることができますので、労働者50人未満の事業場は法律上の義務になっていない今がねらい目かもしれません。

　また、そのものズバリのハラスメント調査も登場してきています。有限会社グローイングが開発した行動価値検査「パワハラ振り返りシート」WEB版36問がそれです。パワハラの場合はそれを行っている本人の自覚がないことがよくあります。また、パワハラをする人が営業成績が良かったりして上司も注意することが難しいなどの問題もよくあります。ストレスチェックと似たような手順で自分がチェックすることで、自分自身のパワハラ危険度を知る検査は当事者意識が芽生えます。ハラスメント予防の場合は自分で気付いてもらうことが一番重要です。

　全社の管理職を対象に検査を実施すれば、経営者はどの部署にリスクがあるかもわかりますし、ストレスチェックの組織分析と重ね合わせることで、問題部署がはっきりと浮き彫りになり、個人と組織に対しての次の一手を考えることが出来ます。この検査はストレスチェックのように毎年実施する必要はないと思いますので、隔年で研修と検査を繰り返すなどのやり方も出来るでしょう。

　最後に経営者として会社を発展させていくためには、上司という役割は絶対に必要です。ただ、上司として指名を受けた従業員が、会社というチームを動かしていくための機能分担として"指揮命令権"を一時会社から与えられているだけだということを自覚できず、「自分は皆より偉いから部下に命令できる」と勘違いしてしまう人がハラスメントを引き起こすことが多いと思います。そのような上司の方に言っておいてください。部下に対して「**自分の子供や恋人に対して話すのと同じ言葉や気持ちで接してもらえないか**」と。

（佐藤）

第6章

一億総活躍社会における中小企業の雇用と就労支援～障害者雇用・高年齢者雇用・がん患者就労支援・士業等小規模事務所の健康管理

1 障害者雇用と就労支援の基礎知識 ★★★

(1) 制度理解

① 障害者雇用促進法と制度

　国は、障害者雇用の促進を図るため、事業者による義務や障害者への公的支援の規定である「障害者雇用促進法」を定め、その取組みを進めています。しかし、産業保健現場における障害者雇用への理解と対応は、まだまだ十分とはいえない状況です。

　障害者の雇用支援は、健康管理の世界では今までは殆ど話題になりませんでした。しかし長く産業医として取り組んだ経験から、新しい産業保健活動に対するヒントが満載されている課題であることに気付きました。

　病気を持った方にも活躍してもらわないと、国の未来がないことははっきりしています。両立支援は日本の浮沈をかけた、重大な施策です。

　そして、障害者の就労支援は、今問題になっている、健康管理上の多くの問題と他の分野の就労支援と密接な関係があります。精神障害者の就労支援は、メンタルヘルス対策ととてもよく似ています。また、高齢者の雇用は配慮が必要という点では、身体障害者雇用と共通点があります。そう考えて対応すれば、第3次産業を中心に増えている、シニアのけが・労災は少なくなります。すべてにおいて差別が職場からなくなれば、パワハラ・セクハラ対策につながります。非正規社員にも気持ちよく働いてもらうことが出来ます。

　内部障害者（心臓機能障害、腎臓機能障害、呼吸器機能障害、膀胱・直腸機能障害、HIVによる免疫障害、肝機能障害などの障害を持つ方）の就労支援は、がんや持病を抱えた社員への配慮と共通する部分があります。

　発達障害の就労支援は、若者を中心に増えている新型うつ病対策にもなりますし、障害者の安全に取り組めば、今話題になっている健康起因事故の防止にも役立ちます。

　障害者雇用支援に取り組むことによって、健康・安全に配慮し差別のない職場を作るためのノウハウを手にすることが出来ます。

　まず、障害者と向かい合うときに注意しなくてはいけないのが、言葉遣いや表記の仕方です。

　ここでは「障がい者」という表記について考えてみます。戦前、障害者の害は「石偏の害＝碍」が使われていました。この字は、仏教から由来し、差しさわりがあるという意味合いがあり、差別ではないといわれています。

　戦後、わかりやすい文章が好まれるようになり、難しい言葉や漢字を避けて、法令や行政用語には、害という文字が使われることが一般的になりました。高度成長期になると人権意識が高まり、明らかに差別や軽蔑と考えられる用語はなくなっていきました。その流れを受け、平成13年に多摩市が、「害」をひらがなで表記するようになり、それが全国の自治体に広がっていきました。

　今ある3つの表記「害」「碍」「がい」のうちどれが適切かが問題になり、平成21年に内閣府で障害者制度改革推進会議が行われ論議されました。

　否定的な意見としてまず出て来たのが、害という字の印象やイメージの問題です。その次に出たのが、他の漢字圏では障碍者という表記が使われているので「碍」に戻すべき、という主張です。しかし、政府・公共メディアはわかりやすい表現を使うべきという考えで、常用漢字を使ってい

す。

ひらがなの表記が好まれる理由は、イメージがよいということで、公共団体、企業などの採用広告でよく使われています。しかし否定的な意見も沢山出てきました。壁に立ち向かう意味合いが出ない、社会モデルで考えるべきというのが理由です。『五体不満足』の著者・乙武さんも「障がい者」という表現は嫌いと言っています。

結局論議は平行線となり、問題は先送りになり、現在３つの表記が使われています。どの表記が悪いという考えではなく、一定の根拠を基に会社・個人が統一して使うことが障害者との信頼関係を作るために重要です。

そのヒントになるのが社会モデルという考えです。障害者とは社会的にどんな位置付けの方なのか理解することにつながりますので、是非押さえてください。

その前に、もうひとつのモデルである医学モデルについてお話しします。医学モデルとは、障害は個人の能力・機能によって起こるもので責任は障害者個人にあるという考え方です。つまり、この考え方では、社会的な不利は差別という人権問題になりません。肝機能障害が酒の飲みすぎと言われて、がっかりする人はいても、飲めないのは差別と考える人はいません。医学モデルで考えているからです。

社会モデルとは、障害は社会の障壁によって作り出されるという考えです。例えば、車椅子のために電車に乗れないのは、エレベーターがないという障壁のためであり、社会によって能力を発揮する機会を奪われた、障害を受けたという発想です。

ある大手企業では障害者を社内用語で、チャレンジドと呼んでいます。「神から挑戦という課題を与えられた人」という意味だそうです。

社会モデルは、世界の標準的な考え方で、最近の障害者に関する法律はすべてこの考えを基に作られています。

障害者に向き合うとき、どちらのモデルで考える人なのかを意識することは、とても重要です。

② 手帳制度

障害者基本法では、障害のある人を、「身体・知的・精神障害のため、継続的に日常・社会生活に相当の制限・困難を伴う人」と定義しています。この定義では、誰が障害者かを判断することは難しいといえます。それを簡単に証明するために出来たのが「手帳制度」です。

雇用率を達成するための対象となるのは、各自治体が発行する手帳を保持している人です。身体障害者の持つ手帳が「身体障害者手帳」ですが、一番多いのが肢体不自由で、事故で脊髄を損傷したり、脳の病気の後遺症で四肢の運動制限がある方や、上肢・下肢の、けがや病気の治療による切断・生まれつきの欠損というケースが対象になります。

次に多いのが内部障害で、病気や治療の後遺症で障害を持った方です。７つの疾患群が対象になります。聴覚・視覚障害者は比較的少ないです。

知的障害とは知的な発達が遅れていることをいいます。基本的に知能指数と生活の状態で重度が分かれます。IQ70以下が基準ですが、IQ75としている自治体もあります。手帳は「療育手帳」で、自治体によって「愛の手帳」「緑の手帳」「愛護手帳」と呼び名が異なります。

最近増えている発達障害には独自の手帳はありません。IQによって「療育手帳」と「精神障害者保健福祉手帳」に分かれます。

働きたいと考える人には、障害者雇用の知的障害者枠または精神障害者枠での就職・転職となり

図表 6-1　障害の種類別割合（手帳保持者）

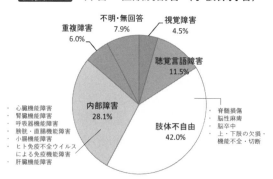

不明・無回答
7.9%

視覚障害
4.5%

重複障害
6.0%

聴覚言語障害
11.5%

・心臓機能障害
・腎臓機能障害
・呼吸器機能障害
・膀胱・直腸機能障害
・小腸機能障害
・ヒト免疫不全ウイルス
　による免疫機能障害
・肝臓機能障害

内部障害
28.1%

肢体不自由
42.0%

・脊髄損傷
・脳性麻痺
・脳卒中
・上・下肢の欠損・
　機能不全・切断

出典：厚生労働省「平成 30 年度障害者雇用実態調査結果」

ます。

「精神障害者保健福祉手帳」の対象が精神病と発達障害です。手帳の表紙には「障害者手帳」と書いてあります。初めて診断を受けたときから 6 か月以上経過していること、現在も生活への支障が続いていると主治医が判断することが交付条件になります。

1 級から 3 級まであり、1 級は介護が必要、2 級は一人暮らしが難しい、3 級は一人暮らしが何とか出来る状況が目安です。

私の経験でいうと双極性障害が 2 級、うつ病が 3 級と認定されることが多いようです。交付にあたって身体障害者（「身体障害者手帳」）は主治医ではなく指定医の診断書が必要ですが、知的障害（「療養手帳」）は、医師の診断書は原則必要ありません。

③　法定雇用率

平成 10 年に知的障害の雇用者が法定雇用率に参入されるようになりました。知的障害者は、真面目に働く方が多く、また定着率も高いので障害者雇用が進みました。

その後平成 28 年に、国連で採択された障害者権利条約の批准を受けて、事業者に差別の禁止と合理的配慮の提供が義務化されました。

日本では、平成 30 年に精神障害者の雇用が義務化され、新しい障害者雇用の時代を迎えました。

障害者雇用支援の中核となるのが、障害者雇用納付金制度です。法定雇用率を定め、それを達成出来ない企業から納付金という罰金を徴収し、達成した企業に対しては調整金・報奨金といった名目で、支給金が支払われます。余ったお金は雇用支援の助成金として活用される仕組みです。

企業全体の常用労働者が 45.5 人以上の企業は毎年 6 月 1 日の障害者雇用率をハローワークに報告する義務があります。これを「六一報告」と呼びます。未達成企業には雇入れ 2 年計画の作成が命じられます。それでも雇用が進まない企業に対しては、勧告や特別指導がなされ、一定の基準以下の企業は社名が公表されます。この一連の指導は企業担当者の大きな負担になっています。

令和 2 年現在の法定雇用率は民間企業が 2.2%、官庁（国・地方自治体）が 2.5%、教育委員会が 2.4% となっています。官庁が高いのは、民間に模範を示すべきという発想からです。しかし、官庁での相次ぐ不正は大きな不祥事となりました。

雇用率は、雇用障害者数を雇用人数で割ったものですが、重症度と労働時間で、カウントが異なります。重度の障害者はダブルカウントし、短時間労働者は 0.5 とカウントされます。精神障害者に重度がないのは、重度では仕事が出来ないと考えられているからです。令和 5 年 3 月 31 日まで

図表6-2　障害者雇用率とカウント

〈雇用率〉

民間企業　2.2%	国、地方自治体　2.5%	都道府県等の教育委員会　2.4%

週所定労働時間	30時間以上	20時間以上30時間未満
身体障害者（重度）	1（重度2）人	0.5（重度1）人
知的障害者（重度）	1（重度2）人	0.5（重度1）人
精神障害者	1　　　　人	0.5※　　　人

※ 精神障害者である短時間労働者で、下記①かつ②を満たす方については、1人をもって1人
　とみなす。
　①新規雇入れから3年以内の方 又は 精神障害者保健福祉手帳取得から3年以内の方
　②令和5年3月31日までに、雇入れられ、精神障害者保健福祉手帳を取得した方

は、短時間でも1とみなす特例（※）があります。

　障害者雇用は、戦争で死傷した方の支援が原点なので、身体障害者を対象として始まりました。

　昭和63年に知的障害者に、平成18年に精神障害者に対して門戸が広がりました。

　実務では、実雇用率に追加された時期が重要です。

　法定雇用率は、現在民間企業が2.2%になっていますが1.5%で始まり、40年以上をかけて0.5%引き上げられました。平成30年から3年間で更に0.1%ずつ引き上げられています。企業にとっては大変な負担です。緩和措置として、令和5年までは2.3%以下と設定されています。

④　障害者雇用の今後

　障害者雇用は、今後どうなっていくのかを、厚生労働省から発表されている統計を基に考えていきます。

　まず障害者雇用の現状についてですが、現在50万人程度の障害者が働いています。雇用者は14年間右肩上がりに増加し、実雇用率は1.97%です。法定雇用率の達成企業は現状5割となっています。内訳を見ると、雇用者の6割が身体障害者で最近は頭打ち、そして知的・精神障害者の増加が目立っています。

　障害者の求職件数、つまり働きたいと考えている障害者がどの程度いるのかについては、ここ数年の推移を「ハローワークを通じた障害者の職業紹介状況等」（厚生労働省発表）を参照すると、身体障害者はほぼ変わりませんが、知的障害者は増えています。

　就職件数の10年間の推移を見てみると、身体障害者は微増、知的障害者が急増、精神障害者が激増していることがわかります。

　雇用率に算入される障害者は手帳を持っています。その推移を見ると、療育手帳・精神障害者保健福祉手帳を持っている人が急増していることがわかります。知的障害者数の伸びが目立ちます。

　現在の就労状況ですが、身体障害者と、知的障害者は30%程度働いています。

　精神障害者に関しては、200万人と数が多いにもかかわらず、2.5%の5万人しか働いていません。

　増えてはいますが、手帳を持っている人が58万人と少ないことが、障害者雇用が進むにつれて明らかになっています。

　採用にあたっては、まず雇用マーケットの実情を知る必要があります。身体障害者は、就業者数32万人のビッグマーケットです。しかし高齢化が進んでいます。即戦力者が多い内部障害者の50代が新たなターゲットです。知的障害者は、約4割が20代。教育係が必要なので、大量採用した

い企業に向いています。精神障害者は、求職者が増えていて、その40%が働き盛りの40代です。ただし、長時間の労働は出来ないと考えてください。雇用率の引き上げに伴い、しっかり働ける障害者は引っ張りだこの状況です。若くて精力的に働ける人はなかなか見つからないでしょう。

（2）募集活動

① ハローワーク

ハローワークはご存じのとおり、日本最大の無料紹介機関です。

全国的なネットワークを持ち、様々な条件で検索も出来ます。支援体制もしっかりしています。ただ、どんな会社・人でも無料で登録できるので、さまざまなレベルの登録者がいます。優秀な人材が欲しいと考える会社や、誰もが入りたいと思っている一流企業はほかの方法でも募集しています。

② 支援学校

支援学校は、若い人材が沢山眠っています。インターンシップという職場体験行事を実施していて、申し込むと歓迎されますので、それをきっかけに教員との信頼関係を深めて障害者の就職に結びつけるというのが一般的な方法です。知的障害者は、長期的な視点で採用を考えるべきです。

③ 大学

身体・知的障害者は支援学校や職業能力開発校に行くケースが多いですが、大学に進学している方も少なくありません。

先入観のない若い社員を、時間をかけて育てたいと考えている企業にお勧めです。

④ 職業能力開発校

就職したい障害者のための訓練校です。学生のレベルやモチベーションが高く、有名企業を目指す学生が多く、中小企業はなかなか採用出来ないといわれています。

⑤ 紹介会社

少し費用がかかっても質の高い社員をすぐに採用したい、と考えているなら紹介会社があります。非公開求人なので、手間なく条件の合った障害者を紹介してくれます。助成金も使えるケースがありますので、その点も依頼先を探すとき参考にしてください。

⑥ 地域の新聞・広報誌・折り込み広告

地域の新聞・広報誌、折り込み広告でも求人が出来ます。地元の社員を探したいときに効果があります。

キャンペーン期間中なら無料広告が出せる媒体もありますので、全国求人情報協会のホームページ等で確認してみてください。ただ、応募者数が多いので手間がかかるのが難点です。

⑦ 合同面接会

すぐに面接し、迅速に採用したいと思うなら合同面接会です。慣れた企業は障害者の心をつかむのが上手なので、殆どの場合、初めて参加する企業は採用は出来ません。障害者雇用のノウハウを蓄積したいという企業にお勧めです。

⑧ 自社ホームページ

自社のホームページに掲載すると、会社のイメージアップにつながります。自社・関連会社・取引先の社員から、うちの家族はどうかと声がかかることがあります。身元がしっかりした人を採用したいと思うなら、掲載を検討すべきです。ただ公開求人の形になるため、申し込みがあったら面

接はしないといけないので、忙しくなることは覚悟してください。

⑨　その他

　障害を隠して一般採用を希望する障害者も少なくありません。面接時に上手く聞き出すことが出来れば、一般採用の後に障害者枠に入ってもらう交渉をすることが出来ます。手帳を持っていることを隠して働いている社員も少なくありません。そして、病気休暇からの復職時は、障害者枠に当てはまるようなら、配慮の幅も広がります。病気でフルタイムで働けなくとも、退職せず、短時間雇用の形で、枠を使って残ってもらえたケースもありました。

　次に、面接で確認すべきこと、大事なことは、働く準備が出来ているかどうかです。親や学校に言われて、いやいや面接に来る障害者も少なくないからです。モチベーションの確認は大事です。

　なお、障害者雇用で一番重要なことは、障害者にけがをさせないことです。安全に懸念があれば、それを解消出来るよう配慮する責任があります。これが出来ないなら、採用は見送るべきです。

　また、手帳の更新のある人とない人がいます。更新がある人は障害者でなくなってしまう可能性があります。障害者のはずがそうでなかったということのないよう、採用の際に手帳はしっかりと確認すべきです。

　障害だけでなく、配慮が必要な持病のある方も多いので健康状態の確認も必要です。治療が必要であれば、通院の配慮や、主治医や産業医の意見が必要になることもあります。精神障害は、生活のリズムがしっかりしているかが重要になります。

　障害が重い方や知的障害者は、家族・学校・支援団体の連携が重要です。しっかりした支援者がいるかどうかは採否を決めるための重要なポイントになります。

　私は、採用してから困ったという事例を沢山見てきました。その経験から自信を持って言えることがあります。面接したときは元気だったのに……ということがないように、採用担当者は注意すべきです。

　肢体不自由者は基本的に肉体労働は出来ません。デスクワークが向いています。

　聴覚障害者は木工・機械・印刷・理容・縫製などに多く従事していた歴史があります。しかし不可能な業務は、殆どありません。安全性がクリア出来れば、肉体労働も可能です。ただコミュニケーションを重視する業務は不向きです。

　視覚障害者が行うマッサージ業は古い歴史があります。企業内で社員を対象にマッサージをする人を理療師といいます。この仕事は大変人気があります。私の顧問先では、社内にマッサージルームを開設して従業員に利用してもらっている会社があります。また、支援機器が大変良くなっていますので、従来は縁のなかったパソコン業務にも仕事が広がっています。オペレーターや健常者と何ら違いのない仕事をする人も沢山います。

　内部障害者は幅広い業務が可能です。原則として肉体労働は出来ません。デスクワークが一般的です。障害の程度によっては、健常者と同じように働ける方も沢山います。しかし十分な配慮が必要な方も少なくないので、就業と配置に関して主治医・産業医の意見が必須です。

　知的障害者は若い人であれば肉体労働も可能です。梱包・清掃・クリーニング、小売店のバックヤード作業といった仕事で活躍している事例が沢山あります。IQが高ければ、単純なパソコン業務や定型的な社内向けの事務作業が可能ですが、コミュニケーションを重視する業務は不向きという傾向があります。

　精神障害者も幅広い業務が可能です。ただし、新しい仕事に取り組むのは苦手な方が多いので、

過去の経験を生かした業務がお勧めです。また、眠気の強く出る薬を服用している人やてんかん症状が出る方は危険作業はできません。

（3）安全配慮
①　公共交通機関

　障害者雇用で一番重要なのは、障害者にけがをさせないことです。家を出て、会社で働き、家に戻る。その全てにおいて、安全配慮の徹底が重要です。

　その中でも、通勤方法の調整が必要かどうかは、一番に検討すべき重要課題です。肢体不自由者（特に車椅子の方等）や視覚障害者は、通勤中に重大事故が起きやすいので、時差出勤等の調整が必須です。

　そして、こうした方は通勤で体力をかなり消耗します。通勤時間は出来るだけ短くし、地元採用や在宅勤務を増やすなどの対策を考えると良いでしょう。

　また、通勤電車の中や駅の構内は危険な箇所が多いです。障害者が電車通勤すると決まったら、担当者は最低限最寄り駅の状況や危険箇所を確認しましょう。今はパラリンピックを控えて、駅のバリアフリー化が進んでいます。

　鉄道事業者は、ホームページで駅の情報を写真入りで公開しています。まず、こうしたサイトでチェックすることをお勧めします。その後、担当者が駅に出向いて、駅員さんにけがの多い危険箇所等のアドバイスを求めましょう。障害者の方と一緒に確認出来れば、さらに効果的です。

　説明を受けた後、危険箇所を写真に撮って、安全マップを作ることを推奨しています。階段での転落は、よく起こる事故です。ホームからの転落は死亡事故につながりますので、特に注意が必要です。過去20年で私の顧問先の社員が6人転落し、5人が亡くなっています。

　ホームドアがなく、ホームがカーブして隙間が多い両面線路のホームが特に危険です。

図表6-3　通勤時の危険箇所確認

（東日本旅客鉄道株式会社　ホームページより）

●最寄り駅の危険個所の確認
　　・担当者が駅に出向き、挨拶し、アドバイスを受ける。
●会社までの徒歩区間のバリアフリーの確認
　　・交番へ出向き、アドバイスを受ける。
　　　・交通事故、けがをしやすい場所は何処か？

　　　　　　・交差点利用時の注意

　　　●担当者による確認

　　　　　　・通勤ヒヤリハットの収集

　　　　　　・通勤災害事例の収集

　　　　　　・安全担当者によるチェック

図表6-4　主要交通機関の安全対策

・東日本旅客鉄道株式会社
　　・駅バリアフリー設備のご案内
　　　（https://www.jreast.co.jp/setsubi/）
　　・身体の不自由なお客様へ
　　　（https://www.jreast.co.jp/equipment/equipment_1/）

（東日本旅客鉄道株式会社ホームページより）

・東京地下鉄株式会社（東京メトロ）
　　・東京メトロが取り組むバリアフリーについて
　　　（https://www.tokyometro.jp/safety/barrierfree/index.html）
　　・（東京メトロニュースレター）「バリアフリー設備整備」編
　　　（https://www.tokyometro.jp/corporate/newsletter/metroNews20190927_l76.pdf）
　　・ベビーメトロ
　　　駅毎にエレベーターのみで移動できるかどうかや、列車の乗車位置案内等の掲載
　　　（https://www.babymetro.jp/）
　　・視覚障がい者向け駅ナビゲーションシステム「shikAI」の開発
　　　（https://www.tokyometro.jp/news/2019/202801.html）

（東京地下鉄株式会社ホームページより）

・東京都交通局　都営地下鉄
　　・バリアフリー情報
　　　（https://www.kotsu.metro.tokyo.jp/subway/kanren/barrierfree.html）
　　・ホームドアの新設、更新工事について
　　　（https://www.kotsu.metro.tokyo.jp/subway/kanren/home_door.html）
　　・安全対策
　　　（https://www.kotsu.metro.tokyo.jp/subway/kanren/safety.html）

（東京都交通局ホームページより）

東京都交通局は、ホームドアの設置事業を順次進めており、三田線、新宿線、大江戸線では全駅、浅草線では新橋、大門、三田、泉岳寺の４駅で設置が完了しています（2020年7月現在）。

　都心部などの地下鉄の駅で衝突の多いところには、駅員の注意が記載されています。衝突事故が多い場所を確認し障害者の方へ伝えましょう。段差のある箇所・多目的トイレ・エレベーターの箇所等も、写真を入れて案内図を作ると、障害者の方も安心して通勤出来ます。

　また、東京地下鉄株式会社（東京メトロ）と東京都交通局は、「バリアフリー便利帳」を作成して地下鉄全駅のバリアフリー設備を紹介しているので、お役立てください（最新版2020年6月現在のもの）。

https://www.tokyometro.jp/safety/barrierfree/ebook/index.html

② 社内の安全対策

　社内の職場環境の見直しも、安全に働いてもらうために非常に重要です。障害者が使えるエレベーター・多機能トイレ・スロープ・手すりなどがないと身体障害者の受け入れは出来ません。4S（整理・整頓・清掃・清潔）を徹底して、スペースを広げることで、障害者のけがとストレスが少なくなります。ホワイトカラーの多い事務所でも事故は起きます。段差の解消・ドアの開閉事故防止ランプ・衝突防止ミラーの設置など、こうした配慮を実施して、結果として全ての社員けがをしにくい事務所を作るべきです。

　また、障害者は災害弱者ですので、事前の対策を立てておくべきです。特に身体障害者は、すぐに避難できるよう1階の、非常口に近い所に配置するようにします。そして避難訓練を定期的に実施します。障害者が対応出来る緊急連絡網の整備（携帯電話・メール・LINE等）も不可欠で、通勤途上でも状況を確認出来る手段を確保しましょう。

　前日に災害が予想される場合は、事前に全従業員に出社の可否について相談し、指示を出します。災害発生時には情報弱者はパニックになりがちです。テレビをつけ、音量を上げ字幕を表示するなど、視覚・聴覚・知的障害者には、今起きていることや今後の見通しについて、個別に説明する必要があります。

　透析予定者は、病院に行けるようフォローすることも必要です。また身体障害者は、安全に帰宅

図表 6-5 NHK 災害時障害者のためのサイト

（NHK ホームページより）

出来るよう支援者と連携することも重要です。

　NHK の『災害時障害者のためのサイト』（http://www6.nhk.or.jp/heart-net/special/saigai/index.html）で、災害情報・障害者別の対応方法等のアドバイスが掲載されているので、災害発生時だけでなく、事前にアクセスしてみることをお勧めします。

③ 障害と周囲の配慮

　障害者は体調を崩しやすいので、健康配慮も重要です。

1. 脊髄損傷者は発汗障害を伴うため、空調・室温には配慮すべきです。排泄・排尿障害を伴う方や車椅子使用者は広いトイレが必要で、時間がかかります。

2. 車椅子使用者は床ずれが出来やすく、横になっての休養が必要になることもありますので、周りの人に教えておくべきです。

3. 全盲の視覚障害者は 20％程度で、視野狭窄や弱視という障害の方もいます。

4. 聴覚障害者が会話に入れないと感じることがないように注意しましょう。

5. 知的障害は生活習慣を自分でコントロール出来ないので、他の病気を併発していることもあるという問題点もあります。

6. 心臓病は、厳重な注意が必要な人から殆ど心配ない方までさまざまです。ペースメーカーの入っている方は、問題ない方が多いといえます。除細動器が埋め込まれている方は意識消失の可能性があるので、高所作業・運転は出来ません。人工弁を使っている方は、脳梗塞になりやすいのでハードな仕事は不向きです。心筋症・心筋梗塞・心不全の方は、心停止のリスクがありますので、日々の体調確認と過重労働・危険作業は避ける必要があります。

7. 血液透析をされている方は、週 2 回から 3 回治療を受ける必要があります。一部の方は夜間に人工透析を実施しますので、時間どおりに病院に到着出来るよう、退社時間に配慮が必要です。治療する病院は会社の近くか、人によっては透析をするとかなり疲れるので、自宅の近くの病院となります。

8. 呼吸器障害は、空調に気配りが必要です。また感染症は大敵なので、会社ぐるみの感染症対策・予防接種の啓蒙が必要です。酸素療法でボンベを持っている方は火気に注意しなくてはいけません。

9. 肝機能障害は、中程度の肝硬変、少量の腹水・軽い黄だんがみられる状態です。静脈瘤破裂・肝性昏睡・肝がんに関して注意が必要です。

10. 膀胱がん・大腸がんの術後障害として、人工膀胱・人工肛門を装着したオストメイトの方は多目的トイレが必要で、かなり時間がかかります。一定時間で自動的に解錠するトイレの場合は何分にするのかという課題もあります。ストマを見られないような配慮も必要です

11. 小腸障害は、何らかの原因で小腸を切除した方で、代表的な病気がクローン病です。中心静脈栄養を使用する場合ではバックに点滴を入れ移動することになります。点滴ラインを守るため、満員電車は避けるべきです。昼食時、経腸栄養剤を作る必要があるケースでは、電子レンジや熱湯が必要になることも配慮してください。

12. HIV キャリアだけでは、障害者として認定されません。障害認定では、ウイルスの量が多いことが基準になります。陽性診断された初診の段階で、手帳の申請をしてから、治療を開始することが専門医の常識になっています。薬剤を使うと、殆どの方は検出限界ギリギリの量までウイルスが少なくなります。専門医の治療をしっかり受けていれば、大抵の方についての配慮事項

は、通院と障害者であることの伝達範囲だけです。普通に働けますので、もっと雇用の門戸を広げるべき病気です。

なお、これらの内部障害についていては、病気は加齢と共に進行することも多いので、治療状況や体調を定期的に確認して、臨機応変に配慮することが重要です。

（4）障害者の平均勤続年数の推移

勤続年数が一番長いのは身体障害者で平均10年2か月、知的障害者も長く7年5か月、精神障害者が一番短く3年2か月という調査結果が出ています。なお、現在の一般労働者の平均勤続年数は14年程度です（出典①「平成30年度障害者雇用実態調査」厚生労働省）。

知的・発達障害の1年後定着率は70％、平均勤続年数の一番長い身体障害者が1年目で60％の定着率です。つまり最初の1年が勝負ということがわかります（出典②「障害者の就業状態に関する調査研究2017 JEED」）。

障害者を雇用するとき、短時間にするかフルタイムにするかは悩ましい問題です。調査によると、90％以上の身体障害者は長時間勤務者として働いています。障害の程度による労働時間の差は殆どありません。知的障害は、30時間以上働いている割合が65.5％と高く、精神障害は同47.2％です（出典①）。

定着の課題ですが、調査によれば職場の雰囲気・人間関係・労働条件などで仕事に不適応になりやすいという課題があることが浮き彫りになりました。まず、調査で一番多かった離職の原因は職場の雰囲気・人間関係です（出典②）。

対策として、まず気軽に相談できるキーパーソンの配置が重要です。ある程度地位があり、人柄がよく社歴の長い人が適任でしょう。それに加え、障害に関する知識と理解も必要です。障害者職業生活相談員の講習を受講することをお勧めします。2日間、計12時間で、障害について、また障害者の労務管理について学ぶことが出来ます。

周囲の社員に対する教育も必要です。地域障害者職業センターで研修が可能です。支援学校の先生によれば、慣れると、声だけで体調や機嫌がわかることもあるそうです。

現場任せは危険です。人事による定期的な面談で、困ったことはないか、時々確認してください。前回の相談で出た課題について、解決出来たのかどうか、出来なければその理由を挙げてもらう等フィードバックが重要です。人事の方と面談してよかったと思ってもらえることが重要です。また、業務日誌の確認により話し合いが難しい知的障害者の悩みがわかることがあります。

定着率を高めるために一番重要なのは、労働条件を、頑張れば報われる仕組みにすることです。報奨金や安い労働者の確保が目的のような会社に、良い人材が定着するはずはありません。戦力になる優秀な障害者は、いつもキャリアアップを考えています。

障害者は、孤独になりやすいともいえます。両親の高齢化により支えてくれる人がいなくなったり、パートナーも障害者というケースも多いようです。年をとるにつれ、健常者もそうですがプライベートの悩み（育児・教育・介護・夫婦仲・健康問題・ローン・金銭等）がますます増えていくので、社内に誰でも利用出来る生活相談の場を作るとよいでしょう。

仕事に上手く適応してもらうような配慮も重要です。特に定着率が低い精神障害者は、先程記載した特例を利用して短時間就労から始めることをお勧めします。実際に働いてみないと、向き不向きはわかりません。若い人の場合は、トライアル雇用から始めるのが一番無難です。特に初めて障

害者を迎える企業にお勧めです。ハローワークを経由することが条件ですが、履歴書や短時間の面接などでは判断出来ない適性や能力を、トライアル雇用期間内に見極めることが出来ます。トライアル期間終了時点までに、適性が認められないと判断した場合は、常用雇用での採用を見送ることが出来ます。

　また、最近は、便利な就労支援機器が沢山開発されています。障害者雇用促進機構では、無料の貸し出しもあり、そうした機器を利用して適応出来た事例もあります。適正がないとすぐに判断せず、配置転換をしてみるという方法もあります。

（5）トラブル対応

　障害者雇用のトラブルは、とても深刻な問題になりやすいと考えるべきです。事例がまだ少ないので、問題意識のない会社が多いのが気になります。

　平成28年には事業者に、障害者に対して不当な差別をしないことと合理的配慮提供が義務化されました。これらのポイントを押さえることが、トラブルを防ぐために重要です。不当な差別というのは、障害を理由に、健常者よりも不利な取扱いをすることです。合理的配慮とは、就業上の配慮と異なるものです。障害者に対して、エレベーターやスロープを設置して、健常者と変わらない対応をすることが必要です。合理的配慮には、事務・事業への影響が軽微、実現性がある、費用等負担が重くない、経営状態が良好といった要件が必要になります。簡単にいうと、事業者に重い負担にならない程度ということです。といわれても対応に困ると思いますので、内閣府から提供される「合理的配慮サーチ」という事例集をバイブルにすることをお勧めします。

　ここで、足に障害が生じて、階段を上るのが大変になったという申し出があった事例について考えてみます。事業者は合理的配慮について、申し出のあった社員と話し合いをする義務があります。この社員のフロアーは3階にあり、狭いオフィスビルに入居しているため、エレベーターやスロープが設置出来ませんが、就業場所を1階に変更することで、話し合いがまとまりました。合理的と認められる要件は、企業の重い負担にならないこと、重大な労働契約の変更につながらないことです。

　合理的配慮が出来ないということは差別であるという認識が、急速に広がっています。手帳を持っていなくても障害があれば合理的配慮の提供が必要で、あらゆる事業所が対象になります。

　障害者虐待防止法は、発見した人に通報義務を課しています。通報を受けた公的機関は虐待を前提に調査すると決められています。中小企業や産業保健の世界に、差別や虐待という問題が起こり得るにもかかわらず、知らない方が多いのでとても危険に感じます。

　障害者雇用のトラブルの多くは、障害者の気持ちを理解できないこと、的確な気遣い・合理的な配慮・ぶれない対応が出来ないことによって発生します。募集から退職までの全てのプロセスで問題が生じないよう、トラブルが深刻化しない仕組み作りが重要です。

　そのノウハウを紹介します。

　まず障害者の気持ちになって考えることが必要です。ちょっとした行き違いや配慮の不足を差別と感じて、ストレスを蓄積していきます。それが我慢の限界に達すると、問題行動や差別・虐待というクレームの形でトラブルが発生します。募集・面接・採用・配属・休職・復職・退職といった各プロセスで、差別と感じることのないような対応が必要となります。

　採用されたらどうなるのか、という入社後のイメージをはっきりさせ、それを実現することが重

要です。こんなはずではなかったとの思いが、差別されたという感情に変化することもあります。正社員雇用の可否は、入社後大きなトラブルになりやすいので、はっきりさせるべきです。障害による差別は禁止されていますので、例えば、募集要項に「聴覚障害不可」と記載するのではなく電話応対必須と記入します。

入社後のトラブルの大きな原因として安易な面接を行ってしまったケースが見受けられます。聞きにくいことや言いにくいことを話し合える最後のチャンスです。手間をかけ、出来ること・出来ないことを具体的にはっきりさせる必要があります。また、前職の離職理由があれば、それをしっかり聞くこともポイントです。その不満に対応出来る自信がなければ、トラブルを防ぐために、採用は見送るべきです。

(6) 採用・配属の注意

働くことは人生においてとても重要です。労働契約は健常者と同じようにしっかり交わす必要があります。

重要事項は、必ず書面に残してください。労働契約書がお勧めです。特にトラブルになりやすいのが昇格・昇級です。厳正な評価は歓迎されます。現場任せは危険です。決められた労働条件・配慮事項を現場で徹底することも重要です。特に上司が替わったとき、重要事項の引き継ぎが出来ているか、担当者はしっかりチェックすべきです。

外見ではっきりわかる障害を抱えた人は、そのことに大きなストレスを感じています。内部障害者や精神障害者は医学モデルで考えることが出来ますが、特に生まれつき障害を持った方は、長年いろいろな差別や偏見を受けていることもあるので、差別と感じやすい場合があります。私は目に障害があるので、その気持ちはよくわかります。どうしても伏し目がちになってしまう癖があり、勉強・仕事・恋愛・教育でかなり損をしました。

接客や外部対応には特に注意すべきです。例えば、障害のある方に、大変ですねと声をかける方がよくいます。障害者は、その言葉を嬉しいと感じないかもしれません。自分が障害者であることを思い知らされるからです。障害者の気持ちがわかっていない方は少なくありません。嫌みを平気で言うお客さんもいます。

車椅子だと不自由なこともあるので、杖を使っている人も沢山います。そうした方は通勤電車や駅で早く歩けと怒られて苦労している人が少なくありません。ギリギリのところで頑張っている人に気配りが出来ないと、トラブルになることもあります。

聴覚障害は、情報弱者にしないことが重要です。自分だけ知らなかったというのは、大きな差別と受け取られます。手話というと敷居が高いので、筆談を欠かさないということがポイントです。また、最近の補聴器はよく出来ているので、電話応対が出来る聴覚障害者も沢山います。まず普通に話してみて、要望を伺いながら話のスピードを見直してみましょう。発語が不明瞭になる方も多いのですが、同じ口調にして対応すると、からかわれたと感じる方も多いので、注意すべきです。

視覚障害者は、口頭でのやり取りが多くなりますが、彼・あれ・それ、といった抽象的な言葉は、ストレスになります。明確かつ具体的な表現のやりとりが大切です。こうしたことや支援機器が合わないと、仕事の効率が極端に悪くなります。また、匂いや騒音にとても敏感になることもあります。

内部障害者は、生死に関わる病気を抱えていて、身体障害者以上に大きなストレスを受けている

こともあります。うつ病になりやすく、健康管理上の事故やトラブルも起きやすいと考えるべきです。

　内部障害や精神障害に関しては、ノウハウが全くない企業関係者が多いのが実情です。これからの障害者雇用の課題として、障害者福祉に携わる方と、産業医との連携があります。

　私は62歳になりました。先日忙しくて、ちょっと疲れていました。満員電車に乗っていたとき、若い女性の方が席を譲ってくれました。そのときに随分年寄りに見えたんだと感じてがっかりして悲しくなりました。親切な方の厚意を素直に受け取ることが出来ませんでした。年をとるだけでひがみや妬みが出るのは、よくあることだと思います。子どもの頃から重い障害を持って、好奇の目で見られて苦労した方は、健常者が想像も出来ないようなストレスを持つのは当然です。その思いを、全面的に否定することは、障害者を傷つけ、大きなトラブルになることもあります。一歩退いて、障害者の気持ちを受け入れることが重要です。

　知的障害者では、トラブルの予兆として納得出来ないときサインが出ます。攻撃的になり自傷行為で頭を壁にぶつけたりします。家族との連携が重要です。普通に働いている知的障害の方が、ミスが多くなって自傷行為が増えた場合に経験した例ですが、どうしたんだろうと思い、健診結果を見たら視力が悪くなっていましたので、眼鏡を作ることをアドバイスしたところ、嘘のようにミスがなくなって機嫌が良くなりました。このように、簡単にトラブルを解決出来ることもあります。

　精神障害者への対応は、従来のメンタルヘルス対応と変わりませんが、社会モデルで対応しなくてはいけない事例が増えてくると思いますので、さらなる社内体制の強化が必要です。

（下村）

コラム 障害者の権利に関する条約（障害者権利条約）とは────────

　障害者権利条約は、障害者の権利を実現するために国がすべきことを決めています。条約とは、国際的な約束のことです。障害者権利条約は、障害者の人権や基本的自由を守るための約束です。障害者権利条約は、障害者がもともと持っている自分らしさを大事にしています。

日本が障害者権利条約を締結※するまで

　日本は、2007年に条約に署名（サイン）をしました。署名は、条約の内容に基本的に賛成していることを表します。署名の後、日本はまず、障害者制度の改革に力を入れました（下の表を見てください）。
　このような改革が行われたことから、2014年1月20日に、日本は条約を締結しました。
　※締結とは、国が条約の内容を守ることを約束することを表します。

◆ 2011 年
障害者基本法の内容が新しくされました。障害者基本法は、障害者についての法律や制度の基本的な考え方を決めています。
◆ 2012 年
障害者総合支援法が作られました。障害者総合支援法は、障害者福祉のしくみを新しくしたものです。
◆ 2013 年
障害者差別解消法が作られました。障害者差別解消法は、障害があるという理由で障害者を差別することを禁止しています。また、その人に合った工夫、やり方を配慮することで、障害者が困ることをなくしていくことなどを決めています。障害者への差別をなくすことで、障害のある人もない人も共に生きる社会をつくることを目指しています。
◆ 2013 年
障害者雇用促進法の内容が新しくされました。障害者雇用促進法は、障害者が働くとき、働きたいときの差別を禁止しています。障害者が働くとき、働きたいときに困ることなどをなくしていくことも決めています。

障害者権利条約の主な内容

・障害者権利条約における障害のとらえ方

　従来の障害のとらえ方は、障害は病気や外傷等から生じる個人の問題であり、医療を必要とするものであるという、いわゆる「医学モデル」の考え方を反映したものでした。一方、障害者権利条約では、障害は主に社会によって作られた障害者の社会への統合の問題であるという、いわゆる「社会モデル」の考え方が随所に反映されています。これは、例えば、足に障害をもつ人が建物を利用しづらい場合、足に障害があることが原因ではなく、段差がある、エレベーターがない、といった建物の状況に原因（社会的障壁）があるという考え方です。国連の議論においては、主に1980年代の様々な取組を通じて障害に対する知識と理解が深まり、障害者の医療や支援に対するニーズ（リハビリテーション等）と障害者が直面する社会的障壁の双方に取り組む必要性が認識されるようになり、この条約もそうした認識に基づき作成されました。

　障害者権利条約には、「社会モデル」と呼ばれる考え方が反映されています。「社会モデル」とは、「障害」は障害者でなく社会が作り出しているという考え方です。

・平等、差別しないこと、合理的配慮

　障害者権利条約の第2条では、障害者に「合理的配慮」をしないことは差別になると決めています。「合理的配慮」とは、障害者が困ることをなくしていくために、周りの人や会社などがすべき無理のない配慮のことです。

　障害者の人権と基本的自由を確保するための「必要かつ適当な変更及び調整」であって、「均衡を失した又は過度の負担を課さないもの」を「合理的配慮」と定義しています。これは、例えば車椅子用に段

差に渡し板を敷いたり、窓口で筆談や読み上げ等により理解を助けること等が当たります。そして、障害に基づく差別には「合理的配慮の否定」が含まれます。また、第4条（一般的義務）では、締約国に障害者に対する差別となる既存の法律等を修正・撤廃するための適切な措置をとることを求めているほか、第5条（平等及び無差別）では、障害に基づくあらゆる差別を禁止することや、合理的配慮の提供が確保されるための適当な措置をとることを求めています。この「合理的配慮の否定」を障害に基づく差別に含めたことは、条約の特徴の一つとされています。

・障害者が積極的に関わること
　第4条では、障害者に関わることを決めるときなどに、障害者とよく相談することを決めています。
・バリアをなくしていくこと（施設やサービスの利用のしやすさ）
　第9条では、建物や公共の乗物、情報や通信などが障害者にとって使いやすくなるよう決めています。生活するうえで、なるべく妨げ（バリア）になるものを取り除いていくための決まりを、国が作ることなどを決めています。

・雇用
　第27条では、障害者が働く権利を障害のない人と平等に持つことを決めています。どんな形の働き方でも障害に基づくあらゆる差別を禁止するよう決めています。また、障害者が職場で「合理的配慮」を得られるように国が必要な手続きをとるよう決めています。

・障害者とは
　日本では、2011年の改正前の障害者基本法では、障害者は「身体障害、知的障害又は精神障害（以下「障害」と総称する。）があるため、継続的に日常生活又は社会生活に相当な制限を受ける者」と規定されていました。障害者権利条約における関連規定を踏まえ、2011年に障害者基本法が改正され、いわゆる「社会モデル」の考え方を反映し、障害者は「身体障害、知的障害、精神障害（発達障害を含む。）その他の心身の機能の障害（以下「障害」と総称する。）がある者であって、障害及び社会的障壁により継続的に日常生活又は社会生活に相当な制限を受ける状態にあるもの」と規定されました。同様に、社会的障壁についても「障害がある者にとつて日常生活又は社会生活を営む上で障壁となるような社会における事物、制度、慣行、観念その他一切のもの」と規定されました。

出典：「障害者権利条約」パンフレット　（外務省）より　一部抜粋

（佐藤）

障害者の就労支援

特別寄稿 伊是名夏子さんに聞く！

何が大変？

どんな支援が
できる？

　障害者を新たに雇用する場合、あるいは現在雇用している従業員が何らかの理由で障害を持ち、車椅子で会社に通うようになった場合、会社の担当者は、どのような配慮が必要なのか戸惑うことでしょう。例えば電動車椅子で移動出来る場合は、自力で会社まで来ることが出来ます。しかし、電動車椅子での出社がどのくらい大変なのか、担当者が試してみるわけにはいきません。大変さばかりに気を取られてしまうと、せっかくの優秀な人材を逃してしまうことにもなりかねません。

　そこで、電動車椅子で国内外の講演活動をこなし、就労支援のシンポジウムの司会なども行う、コラムニストの伊是名夏子さんに、何が大変でどのような支援があれば就労が可能なのか？　実際に移動したレポートと共に、語っていただきました。

バリアフリーならぬバリアフル！な車椅子での電車移動

伊是名夏子

身長100cm、体重20キロ、移動には電動車椅子を使うコラムニスト。
1982年沖縄に生まれ、育つ。生まれつき骨折しやすい骨の弱い障害「骨形成不全症」でこれまでに数十回の骨折経験あり。右耳は聞こえない。それでも周囲のサポートで那覇市の普通科高校に通う。2001年、親の反対を押し切り上京。早稲田大学へ進学し、一人暮らしを開始。海外留学を経て、教育関係の仕事に就く。現在は15人のヘルパーと共に2児の子育てをしつつ、コラムニストとして新聞・テレビ・講演会などで活躍中。特技はパソコン作業、英語、人材マネジメント、ダンドリスト。

photo: 佐藤健介

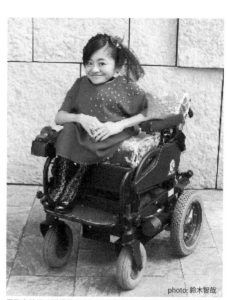

photo: 鈴木智哉

電動車椅子は総重量100キロ。これに乗ってどこへでも出かけます。

ふだんの移動は、電車で

　朝7時からヘルパー（障害福祉サービス）が自宅に来て、一緒に家事・子育てをしています。その傍ら新聞・本・雑誌の執筆をしています。打ち合わせや講演会等の外出には、基本的に電車を使っています。車椅子ごと乗れるタクシーもありますが、3週間前までなどの予約が必要で、それでも予約できないときもあります。急いでいても、突然の雨でもタクシーは使えないので、時間がかかっても電車で移動します。ただ、電車に乗るには係員にスロープを出してもらったり、エレベーターがある場所までわざわざ移動したりと、とても時間がかかります。

配慮1　周りの人にお願いしていること
1. 右耳が聞こえないので左耳に話しかけて
2. 高所にあるものなどは見えないので、説明をして
3. 人混みでは車椅子の前を歩いて

できないことをはじめに伝えておく

　車椅子ユーザーは周りの人に比べて視線が低く、見えない・気が付かないことが多いので、「何か手伝いましょうか」といった声かけがほしいです。また、人混みでは車椅子が動きにくいので、私の前を歩いてほしいです。

オフィスの多様性〜ダイバーシティ〜環境

　私の経験を少しお話ししましょう。高校は特別支援学校ではなく、普通科に通いました。友だちがたくさんほしかったから、そして、気になる男の子も通っていたからです。ただ、その高校はバリアフリーではなかったので、階段は友人が抱っこしてくれました。ちょっとした工夫や周りのサポートがあれば何とかなるものです。不便はあっても、友だちと3年間過ごした経験は私にとって大きなものになりました。友だちも大人になってから「そういえば夏子には障害があったな」と気付いたほど、お互いにとって一緒に過ごすことが当たり前で、学びの多い時間でした。

　ですから、障害のある人もない人も同じ職場で一緒に働けることは双方にとって大事ですし、ちょっとの工夫やルール変更で、もっと一緒に働ける人が出てくると思います。

私が乗り越えられるのは3cmまでの段差

　車椅子ユーザーの場合、階段やちょっとした一段の段差も自力では越えられないので、職場にスロープやエレベーター設置は必須です（ちなみに最近、車椅子を新調しましたが、前の車椅子より段差に弱く、3cmくらいしか乗り越えられません）。また、車椅子が通れない狭い場所をなくす、床に物を置かないなども大事です。通路を広げ、不要なものを整理することは、歩いている人にとっても安全で働きやすい環境につながるでしょう。

　ただ、毎日の通勤となるとまだまだ公共面でのハードルが高いのが現実です。テレワークやフレックスタイムを取り入れてもらえると、車椅子ユーザーはより働きやすいと思います。

就労のための支援

配慮
2

会社に「こうしてほしい！」と思うこと

1. フレックスタイム、テレワークの導入
2. 社員面談を定期的に行ってフォロー
3. サポートブック（障害マニュアル）の作成で、現場の不安を取り除く

　混雑時の車椅子の移動は危険がいっぱいです。それに電車移動は待ち時間が多く、歩ける人の3倍の時間がかかることもあり、通勤だけで疲労してしまいます。その点、テレワークだと遅刻の心配もなく安心です。また、体調に合わせて働く環境を選べたらよりよいです。このような働き方を、障害者だけではなく、すべての従業員にまで広げられたらよいですね。

　精神・体調の状態は変化するので、定期的な面談でサポートを見直していくとよいでしょう。また、仕事に対する不満（仕事量、報酬・昇給などの評価）や悩みを打ち明けてもらうことで、解消する機会にもなり、働くモチベーションにつながります。

サポートブック作成のすすめ

　出来ることは一人ひとり違うということから、障害者が自分の取扱説明書ともいえる「サポートブック」を作成し、その情報を職場で共有すると、お互いにとって働きやすい環境が作れると思います。「こういうサポートがあればこれが可能になる」ということまでわかるとよいですね。周りもサポートしやすいし、本人も口頭より紙に書いたほうが伝えやすいこともあります。

　具体的には以下のような内容を記載します。

・苦手なこと（○キロ以上のものが持てない、想像することが難しいので具体例や時間・手順を
　具体的に指示してほしい、特定の音や光が苦手なので代替を使用するなど）
・こんな助けがほしい（書類のダブルチェック、明確な指示、静かな環境づくりなど）
・現在の障害の状況（天候による体調の変化、休む時間）など

　また、これは障害者に限らず、育児や介護などに直面した社員にも適用するといいと思います。サポートブックは、一人ひとりの能力を発揮させ、職場の働きやすさにもつながるので、すべての人に効果的でしょう。

電車など移動時の配慮

 配慮 3 移動　電車・エレベーターでのお願い

1. 奥に詰めてほしい
2. スマホ歩きはやめて
3. 車椅子を先に通してほしい

　車椅子は立っている人の6人分のスペースが必要になりますので、「奥に詰めましょう」の声かけがあると嬉しいです。高さの低い車椅子に気が付いてもらえず、歩く人と衝突するのが怖いです。とにかく「待たされる」のが車椅子ユーザーです。電車やエレベーターの乗り降りの際は「先にどうぞ」と譲ってもらえると時間短縮になります。

 配慮 4 雨の日は特に危険がいっぱい！

1. カッパを着ればいいのに…と思わないで
2. 滑りやすいので気を付けて
3. 傘の下には車椅子の人や、小さな子どもがいるかも

　雨の日の移動は車椅子のタイヤが滑りやすく怖いです。以前、着ていたカッパの裾が車椅子のタイヤに巻き取られて転倒。頭蓋骨を骨折しました。それからはカッパが怖くて、広げたビニールと傘スタイルに。カッパがかえって危険なこともあるのです。

　滑りやすいのはみんな同じです。さらに傘をさして歩いていると視野が狭くなりがちで、車椅子や子どもの存在に気が付きにくく、事故になりやすいので、慌てないで！

公共交通機関はみんなのもの

　公共交通機関はみんなのものですから、車椅子ユーザーだけでなく、子連れも、高齢者も電車を使います。でも、わずかな段差があるがゆえに電車に乗りづらい人や、「子どもが騒いで迷惑になるから」と乗るのを遠慮する人もいるのです。

　そこで思い出すのは、学生時代に留学したデンマークの電車です。「静かにする車両」、「携帯電話を使用してもいい車両」「自転車、車椅子、ベビーカーなどが乗りやすいように座席が開閉できる車両」などの選択肢がありました。車椅子などへの配慮が特別なことではなく、すべての人が使いやすいように設計されていて、「どう過ごしたいか」で車両を選ぶことができます。日本も、自分の過ごしやすさを大切にするために選択肢が増えていくと、いろいろな人が生きやすくなってくると思います。

とある日の…

車椅子ユーザーの夏子さんの電車移動、A駅からB駅までの所要時間は？

Start!

改札で
係員さんを
待ちます

まだか…
10分待ち

乗車

3　ホーム

係員が B駅に連絡。B駅のスロープ整備が整うまで電車に乗れない。このときは3本見送る。

ブィーン…

1　A駅改札

電車に乗るにはスロープが必要。設置係を改札で待ちます。すぐ来ることもあれば30分待つときも。

エスカルは時間が
かかるし、混んでいる
ときは人にぶつかりや
すく危ない。

2　構内移動

ホームへはエレベーターやエスカル（車椅子を安全に運ぶ機械）で。エレベーターは遠く不便な場所にあるか、混雑がつきもの。

車椅子ユーザーの苦労がおわかりいただけたでしょうか。特に通勤時間帯は係員も忙しく、スロープの手配、駅同士の連絡に通常よりも時間がかかります。エレベーターもホームも混雑しています。車椅子の人は背が低く、押しつぶされる危険があります。テレワークが理想ですが、少なくとも混み合う時間帯を避けて通勤したい。それからスロープなしで乗り込める電車が増えるといいな！

狭いっ荷物が顔にあたりそうです。

降車

4　車内

背が低く、周囲から見えにくいので危険も多い。

5　B駅ホーム

スロープを設置してもらい降車。

バリアフリーにたどりつく距離長しっ(汗)

本とブログ

『ママは身長100cm』
ディスカヴァー・トゥエンティワン発行
定価 1,400円(税別)

障害者の恋愛・出産・子育てをリアルに綴る。その他、自身の子ども時代、オシャレ、夫婦別姓などの話もあり、等身大の暮らしがわかる一冊。2019年発売。

ブログも人気　『コラムニスト伊是名夏子ブログ』
http://blog.livedoor.jp/natirou/

A駅からB駅まで
33分！
(健常者なら9分)

Goal!

通勤時間帯ではさらに倍増します。

B駅改札

『障害者の就労支援』text & photo 平井明日菜（P118のphotoを除く）　デザイン・イラスト：大下詠子

② 高年齢労働者にどう対応するか？

（1）高齢者労働力に頼らざるを得ない現代社会

　障害者雇用と同じく就労の支援をしていかなければ日本の産業が成り立たないものの一つに「高年齢労働者」があります。特に中小企業では、定年後の再雇用労働者が大きな戦力の一つとなっていくでしょう。既に日本の労働者の3分の1以上は50歳以上です。しかし、厚生労働省の発表（平成31年／令和元年　労災発生状況）によると、死亡災害と休業4日以上の労働災害でみると50歳以上が全体の約51％、60歳以上が約27％（10年前は約18％）となっています。60歳以上で働く労働者が他の年代よりも少ないことを考え合わせると、この27％という数字は重い意味を持つといえるでしょう。間違いなく今後はこの比率が上昇していくだろうと国もみています。また、第3次産業全体の死傷者数に対する60歳以上の割合は約31％と全産業（約27％）と比べて高くなっています。

　そこで、令和2年度の7月1日から1週間行われる第93回「全国安全週間」のスローガンが「エイジフレンドリー職場へ！　みんなで改善　リスクの低減」ということに決まりました。エイジフレンドリーとは「高齢者の特性を考慮した」を意味する言葉で、世界保健機関（WHO）や欧米の安全衛生機関で使用されています。WHOはエイジフレンドリーシティを増やしていく取組みを行っており、日本では秋田市、宝塚市などの19市町が参加しています。

　それに先立ち、令和2年3月16日に厚生労働省は「高年齢労働者の安全と健康確保のためのガイドライン」（エイジフレンドリーガイドライン）を公表し、今後の方向性を示しました。

1.　安全衛生管理体制の確立等
　　（1）経営トップによる方針表明及び体制整備
　　（2）危険源の特定等のリスクアセスメントの実施
2.　職場環境の改善
　　（1）身体機能の低下を補う設備・装置の導入（主としてハード面の対策）
　　　　例としてはリフトやパワーアシストスーツの導入など
　　（2）高年齢労働者の特性を考慮した作業管理（主としてソフト面の対策）
3.　高年齢労働者の健康や体力の状況の把握
　　（1）健康状況の把握
　　（2）体力の状況の把握
　　（3）健康や体力の状況に関する情報の取扱い
4.　高年齢労働者の健康や体力の状況に応じた対応
　　（1）個々の高年齢労働者の健康や体力の状況を踏まえた措置
　　（2）高年齢労働者の状況に応じた業務の提供
　　（3）心身両面にわたる健康保持増進措置
5.　安全衛生教育
　　（1）高年齢労働者に対する教育
　　（2）管理監督者等に対する教育
「エイジアクション100」[※] や「転倒等リスク評価セルフチェック票」というチェック票が添付

され、「エイジフレンドリー補助金」の活用などもうたわれています。

（※）高年齢労働者の安全と健康確保のためのチェックリスト（中央労働災害防止協会）

コラム エイジフレンドリー補助金

　これは令和2年度から新設されたもので、特にサービス業で増加している高年齢労働者の労働災害防止のための取組みとして「経済財政運営と改革の基本方針2019」（令和元年6月21日閣議決定）に沿ったものです。

　具体的には60歳以上の高年齢労働者を雇用する事業者で中小企業にあたる事業者か、安全対策確立のための先進的研究や検証に取り組む大手企業も助成の対象となっています。

　補助金の申請期間は令和2年6月12日から10月末日で、厚生労働省から委託された一般社団法人日本労働衛生コンサルタント会により審査、交付決定がなされます。高年齢労働者に優しい機械設備の導入経費や健康確保のための取組みに関する経費、高年齢労働者の特性に配慮した安全衛生教育に係る経費が助成の対象となります。

　実際にかかった経費の2分の1が助成されますが、基準額200万円の1／2である100万円が限度

図表6-6　エイジフレンドリー補助金リーフレット

高年齢労働者を雇用する中小企業事業者の皆様へ　　令和2年度（2020年度）版

「エイジフレンドリー補助金」のご案内

- ■近年の高齢者の就労拡大に伴い、高齢者の労働災害が増えています。
- ■高齢者が安心して安全に働けるよう、高齢者にとって危険な場所や負担の大きい作業を解消し、働きやすい職場環境をつくっていくことが必要です。
- ■高齢者が就労する際に感染症予防が特に重要となる社会福祉施設、医療保健業、旅館業や飲食店等の接客サービス業等では、利用者等と密に接する業務での新型コロナウイルス感染を防止するため、対人業務を簡素化できる設備改善や作業改善が望まれています。
- ■エイジフレンドリー補助金は、職場環境の改善に要した費用の一部を補助します。是非ご活用ください。

補助金申請期間　令和2年6月12日～令和2年10月末日

対象となる事業者

次の（1）～（3）すべてに該当する事業者が対象です。
（1）高年齢労働者（60歳以上）を常時1名以上雇用している
（2）次のいずれかに該当する中小企業事業者

業種		常時使用する労働者数	資本金又は出資の総額
小売業	小売業、飲食店、持ち帰り配達飲食サービス業	50人以下	5,000万円以下
サービス業	医療・福祉、宿泊業、娯楽業、教育・学習支援業、情報サービス業、物品賃貸業、学術研究・専門・技術サービス業など	100人以下	5,000万円以下
卸売業	卸売業	100人以下	1億円以下
その他の業種	製造業、建設業、運輸業、農業、林業、漁業、金融業、保険業など	300人以下	3億円以下

※　労働者数若しくは資本金等のどちらか一方の条件を満たせば中小企業事業者となります
（3）労働保険及び社会保険に加入している

補助金額

補助対象：高年齢労働者のための職場環境改善に要した経費
補助率：　1／2
上限額：　100万円（消費税を含む）
※この補助金は、事業場規模、高年齢労働者の雇用状況等を審査の上、交付決定を行います（全ての申請者に交付されるものではありません）

　　厚生労働省・都道府県労働局・労働基準監督署
　　一般社団法人　日本労働安全衛生コンサルタント会

https://www.mhlw.go.jp/content/11302000/000639164.pdf

額となります。複数の申請をしても合計で 100 万円（税込）が限度額となります。

　転倒防止のための段差の解消や手すりの設置、熱中症リスクの高い作業がある場合の涼しい休憩場所の整備、リフト機器の購入、パワーアシストスーツの購入、高年齢者の健康診断や体力チェックの結果に基づく各種の指導、VR 技術を活用した危険体感教育などいろいろな改善に対して助成されますので、これを有効利用して高年齢労働者の活用と労働災害防止を図ることをお勧めします。

（2）高年齢労働者の体力チェック

　60 歳未満の社員の健康診断をそのまま高年齢労働者にあてはめても、労働災害の防止には直結しません。特に体力面でのチェックとその結果をふまえた高年齢労働者への健康教育が必要です。その一例として、著者が所属する日本産業医支援機構が提案する高年齢労働者用の体力チェックについてご紹介します。

　大企業では高年齢労働者向けに独自の体力チェックを行っているところもあります。しかし、中小企業が取り組むには機器類の費用の捻出が難しいことや専門スタッフがいないことなどを考えると、比較的安価かつ簡単に全国どこでも実施可能で、専門家の手助けを受けることが出来る体力測

図表 6-7　体力測定の比較

測定検査の種類	ＴＨＰ	新体力測定	転倒等災害リスク評価セルフチェック実施マニュアル	CS30
対象 主導機関　等	中央労働災害防止協会 労働者　年齢制限なし	文部科学省 小学生〜老人	中央労働災害防止協会	天理大学体育学部　中谷敏昭教授他（＊）
全身持久力	Vo2MAX			
上肢筋力	握力	握力		
下肢筋力				30 秒椅子立上りテスト
平衡性	閉眼片足立ち	開眼片足立ち	（動的平衡性） ファンクショナルリーチ （静的平衡性） 開眼片足立ち・閉眼片足立ち	
筋持久力	上体起こし	上体起こし		
柔軟	長座位体前屈	長座位体前屈		
敏捷性	全身反応時間		座位ステッピングテスト	
歩行能力		10m障害歩行	2ステップテスト	
持久力		6分間歩行		
問診	問診	ADL チェック	セルフチェック票	

（＊）出典

1．中谷敏昭ほか：**30 秒椅子立ち上がりテスト（CS-30 テスト）成績の加齢変化と標準値の作成**．臨床スポーツ医学 20（3）：349-355．2003．

2．中谷敏昭ほか：**日本人高齢者の下肢筋力を簡便に評価する 30 秒椅子立ち上がりテストの妥当性**．体育学研究 47（5）：451-461．2002．（本論文は平成 15 年度日本体育学会　学会賞を受賞）

3．中谷敏昭ほか：**若年者の下肢筋パワーを簡便に評価する 30 秒椅子立ち上がりテスト（CS-30 テスト）の有効性**．体育の科学 52（8）：65-69．2002．

定が必要ではないかと考え、調査しました（図表6-8）。

　それらを基に、安価で簡単に測定可能な項目を検討しました。①握力（上肢筋力）、②30秒　椅子立上りテスト（下肢筋力）、③長座位体前屈（柔軟性）、④開眼片足立ち（平衡性）、⑤2ステップテスト（歩行能力）、⑥上体起こし（筋持久力）、⑦閉眼片足立ち（平衡性）⑧ステッピングテスト（敏捷性）、⑨6分間歩行（持久力）＋　問診として新体力測定で使われている⑩健康状態のチェックテストと⑪ ADL（日常生活活動テスト）を推薦することとしました。

　主にオフィスワークをする高年齢労働者の場合は図表6-9 ①〜⑤までの体力測定と問診を、主に肉体労働を行う高年齢労働者の場合は同様に①〜⑨までの体力測定と問診を行うというものですが、出来るだけ測定の専門家がいる医療機関での検査とその結果についてのアドバイスを受けることをお勧めします。もしも、測定をしてくれるところが見つからないような場合は、著者までご相談ください。

図表6-8　高年齢労働者向け体力測定（案）

A　オフィス勤務者向け	B　肉体労働者向け
①　握力	①　握力
②　30秒　椅子立ち上がりテスト	②　30秒　椅子立ち上がりテスト
③　長坐位体前屈	③　長坐位体前屈
④　開眼片足立ち	④　開眼片足立ち
⑤　2ステップテスト	⑤　2ステップテスト
	⑥　上体起こし
	⑦　閉眼片足立ち
	⑧　ステッピングテスト
	⑨　6分間歩行
健康状態のチェック （新体力テストより）	健康状態のチェック （新体力テストより）
ADL（日常生活活動テスト） （新体力テストより）	ADL（日常生活活動テスト） （新体力テストより）

問診表①②を確認の上、測定当日の体調、血圧、自覚症状などにより、体力測定の実施を判断とする。

①　健康状態のチェック（体調、自覚症状、既往歴、血圧など）

②　ADL（ Activities of Daily Living：日常生活活動テスト）

　　日常生活を送るために最低限必要な日常的な動作で、「起居動作、移乗、移動、食事、更衣、排泄、入浴、整容」

　　動作のこと。

図表 6-9 高年齢者向け体力測定の注意点

・体力測定実施時には、血圧が高い人、基礎疾患がある人は必ず確認しておく。
・体力測定実施開始時には、健康状態のチェックを記入。実施者に確認してもらってから開始する。
・高血圧の基準値（140/90）をチェックし、基準値以上の場合は管理する医師、主治医と相談する。
・血圧 160/100 以上の場合は、基本的には実施を延期し、医師、主治医と相談する。

　もしも、自社で測定可能なスタッフや産業医がいる場合は、握力計、ストップウォッチ、ストレッチマット、椅子などがあれば測定は可能です。長座体前屈測定器は段ボール箱でも作れ、簡易的に測定することが可能です。

図表 6-10 体力測定に必要な機器類

【体力測定に必要な測定機器】

握力計
ストップウォッチ
2 ステップテスト用マット（＊1）
長座体前屈測定器（＊2）
ストレッチマット（＊3）
椅子（＊4）

（＊1）自己作成でも可能/ビニールテープ、メジャー

（＊2）自己作成でも可能/段ボール箱の利用

（＊3）長座体前屈測定時に、座る場所で滑らずに活用できるもの

（＊4）肘掛けのない、高さ40cmの安定した椅子あるいは昇降運動用踏台

図表6-11　長座体前屈〈測定器の作り方と測り方〉

1　準備

　幅約22cm・高さ約24cm・奥行き約31cmの箱２個（Ａ４コピー用紙の箱など），段ボール厚紙１枚（横75〜80cm×縦約31cm），ガムテープ，スケール（１m巻き尺または１mものさし）。

　高さ約24cmの箱を，左右約40cm離して平行に置く。その上に段ボール厚紙をのせ，ガムテープで厚紙と箱を固定する（段ボール厚紙が弱い場合は，板などで補強してもよい）。床から段ボール厚紙の上面までの高さは，25cm(±１cm)とする。右または左の箱の横にスケールを置く。

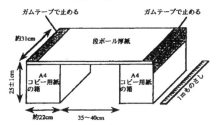

2　方法

（１）初期姿勢：被測定者は，両脚を両箱の間に入れ，長座姿勢をとる。壁に背・尻をぴったりとつける。ただし，足首の角度は固定しない。肩幅の広さで両手のひらを下にして，手のひらの中央付近が，厚紙の手前端にかかるように置き，胸を張って，両肘を伸ばしたまま両手で箱を手前に十分引きつけ，背筋を伸ばす。

（２）初期姿勢時のスケールの位置：初期姿勢をとったときの箱の手前右または左の角に零点を合わせる。

（３）前屈動作：被測定者は，両手を厚紙から離さずにゆっくりと前屈して，箱全体を真っ直ぐ前方にできるだけ遠くまで滑らせる。このとき，膝が曲がらないように注意する。最大に前屈した後に厚紙から手を離す。

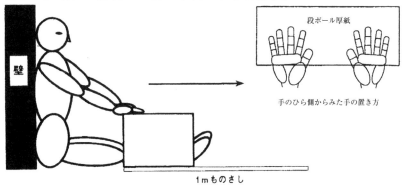

3　記録

（１）初期姿勢から最大前屈時の箱の移動距離をスケールから読み取る。

（２）記録はセンチメートル単位とし，センチメートル未満は切り捨てる。

（３）２回実施してよい方の記録をとる。

4　実施上の注意

（１）前屈姿勢をとったとき，膝が曲がらないように気をつける。

（２）箱が真っ直ぐ前方に移動するように注意する（ガイドレールを設けてもよい）。

（３）箱がスムーズに滑るように床面の状態に気をつける。

（４）靴を脱いで実施する。

　　　　　　　　　　　　　　　　　出典：文部科学省新体力テスト実施要項より

（3）高年齢労働者を雇用する際に気を付けたいこと

　体力測定を含めて、高年齢労働者の採用、再雇用と労働災害の防止のために、企業・団体として取り組む手順についてご説明したいと思います。

　まず、（安全）衛生委員会などで高年齢労働者問題について調査、審議したうえで社内ルールの案を作成し、社長や代表と話し合って企業・団体としての方針を発表してもらいます。担当部署を決め、リスクアセスメントを実施した後に社内向けの説明会を開催して、全社的な取組みであること、なぜ高年齢労働者の雇用と労災防止対策が必要なのか、などを説明します。

　産業医などにも説明し、体制が整ったら健診・測定機関を検討、交渉し、健康診断や体力測定を開始します。

　検査結果が揃ったら、本人の希望などを確認したうえで産業医や産業保健スタッフを交えて結果を共有し、人事、総務、管理監督者も加わって、適任と思える業務とのマッチングを実施します。その後も、制度の一環としてこの検討会を定期的に行い、本人の意見も取り入れ、決定事項を本人及び上司にフィードバックすることで、高年齢労働者側も業務の転換などを受け入れやすくなるでしょう。

　その後は、集団、及び個々の高年齢労働者を対象に、健康レベル・身体機能の維持向上に取り組む社内行事なども企画し、継続して行います。そして、それらの結果をマネジメントに報告し、（安全）衛生委員会などで再検討することで、さらなるレベルアップを目指していきます。

　体力測定などについては、初年度は「定年後の高年齢労働者」向けに行います。ノウハウが溜まってきたら、定年 5 年前などから体力測定を始め、「加齢と共に心身の能力低下を自覚してもらう」というやり方に取り組んでみてください。同時に定年 5 年前から「本人の業務設計を分析する」取組みもスタートして、定年後の業務設計に合わせたゆるやかな業務の転換なども検討出来るとよいでしょう。

　最後に、注意しておきたいのは高年齢労働者における「熱ストレス」問題です。ご存じの通り地球温暖化の影響で気候変動が起こり、洪水や台風だけでなく米国カリフォルニアやオーストラリアなどで熱波による記録的な乾燥状態から山火事が起こり大きな被害が出ました。今後の日本でも熱波による「熱ストレス」が続くと考えられ、熱中症などの一番の被害者は高年齢者となるでしょう。

　高年齢労働者に屋外や冷房のあまり効いていない工場や現場で働いてもらう場合はこれまでにも増して注意が必要となります。設備や服を整えるだけではなく本人の体力を上げるように応援することや、熱ストレスへの対応方法などの教育がさらに大事な時代になっていくと思います。

（佐藤）

図表6-12　高年齢者の安全と健康確保の流れ（例）

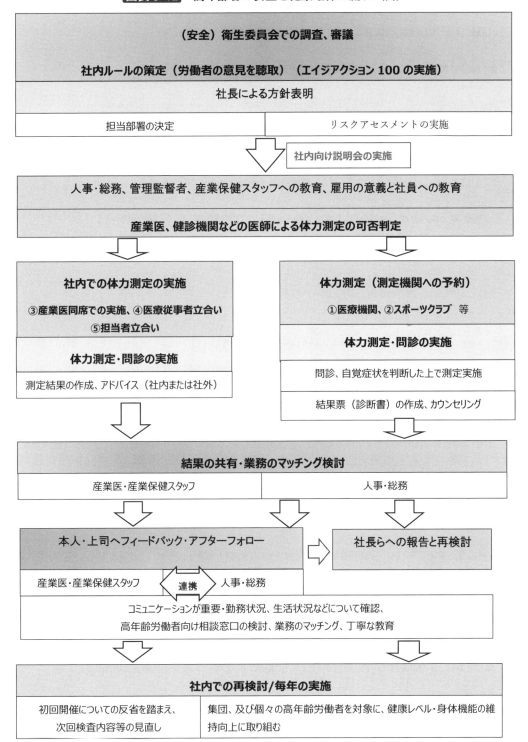

（安全）衛生委員会での調査、審議

社内ルールの策定（労働者の意見を聴取）（エイジアクション100の実施）

社長による方針表明

| 担当部署の決定 | リスクアセスメントの実施 |

社内向け説明会の実施

人事・総務、管理監督者、産業保健スタッフへの教育、雇用の意義と社員への教育

産業医、健診機関などの医師による体力測定の可否判定

社内での体力測定の実施

③産業医同席での実施、④医療従事者立合い
⑤担当者立合い

体力測定・問診の実施

測定結果の作成、アドバイス（社内または社外）

体力測定（測定機関への予約）

①医療機関、②スポーツクラブ　等

体力測定・問診の実施

問診、自覚症状を判断した上で測定実施

結果票（診断書）の作成、カウンセリング

結果の共有・業務のマッチング検討

| 産業医・産業保健スタッフ | 人事・総務 |

本人・上司へフィードバック・アフターフォロー

社長らへの報告と再検討

| 産業医・産業保健スタッフ | 連携 | 人事・総務 |

コミュニケーションが重要・勤務状況、生活状況などについて確認、
高年齢労働者向け相談窓口の検討、業務のマッチング、丁寧な教育

社内での再検討/毎年の実施

| 初回開催についての反省を踏まえ、次回検査内容等の見直し | 集団、及び個々の高年齢労働者を対象に、健康レベル・身体機能の維持向上に取り組む |

図表 6-13 測定実施の流れ（例）

1、医師による「体力測定」受検許可の後、体力測定の実施とする。

　体力測定の実施の可否について、医師の許可を必須とする。

　実施の可否判定については、産業医、もしくは医療機関の医師に可否判定を実施してもらうことが望ましい。

2、体力測定の実施について

　測定開始直前には、健康状態（血圧、体温、体調など）のチェックを行うことを必須とする。

　①医療機関（体力測定、及び継続的な事後指導を実施可能な医療機関、もしくは健診機関）

　②スポークラブ（体力測定、及び継続的な事後指導を実施可能なスポーツクラブ）

　　→①②については、測定の実施、及びフォローアップまでを実施とする。

　③産業医による立合いのもとに体力測定を実施

　④医療従事者などによる立合いのもとに体力測定を実施（看護師、健康運動指導士ほか）

　⑤社内担当者による立合いのもとに体力測定を実施（＊）

　　→社内担当者は体力測定のマニュアルを参照の上実施するものとするが、サポート体制としてオンラインにて健康運動

　　　指導士または医師が測定のサポートを実施することも考えられる。

3、測定後のフォローについて

　・①②の測定機関においては、継続的なフォローまで実施してもらうことが望ましい。

　・③④⑤の測定実施後のサポートは、測定実施後データを専門機関へ送信し、約2週間後にオンラインにてフォロー面談

　　を実施することも可能と考えられる。その後も継続的なフォローを実施することが望ましい。

　　体力測定は、体力の変化を自覚、把握するためにも、継続的に1年に1度以上は測定を実施する。

　　また、フォロー面談においては、定期的な実施が望ましく、半年に1度以上のサポート面談を実施が望ましい。

（4）高年齢運転者にどう対応するか

　全国の中小企業には沢山の高年齢ドライバーがいます。営業だけでなく、公共交通機関が少ない地方では通勤でも車を利用せざるを得ないのが現実だと思います。

　令和2年2月28日に最高裁で注目の判決が出ました。

　原告は運送会社大手のF通運のトラック運転手で、業務中に死亡事故を起こし、被害者遺族に約1,500万円の損害賠償をしました。その賠償額の負担を会社側に求めるものでした。F通運は会社では賠償保険に加入せず自己資金で賠償する制度を採用していましたので、その制度どおりに対応していると主張していました。

　通常は会社が被害者に賠償した後で従業員に賠償を求める「救償権」はありますが、その逆の場合の「逆求償権」があるかどうかが争われました。1審の大阪地方裁判所ではF通運に約840万円の支払いを命じたのですが、2審の大阪高裁では原告側の逆転敗訴となっていました。

　最高裁の見解は次のようなものです。民法715条は、従業員など被用者が仕事で第三者に損害を与えた場合、会社など使用者も賠償責任を負う「使用者責任」を定めている。従業員の活動で利益を得ている以上、そこから生じた損害についても責任を負うべきだ。715条の趣旨からすれば、使用者は第三者に対する賠償義務だけでなく、被用者との関係でも損害を負担する場合がある。どちらが先に被害者に賠償したかによって、会社の負担の大きさが異なるのは相当ではない。

　つまり、「従業員は会社に対し、損害の公平な分担という観点から相当と認められる額を請求できる」として大阪高裁の判決を破棄して、大阪高裁に差し戻しました。このように勤務中の事故で損害賠償が発生したら雇用主に負担請求が可能ということになりました。

　今後、最も想定されるのは高年齢運転者による交通事故でしょう。高年齢労働者を雇用するということは、最大のリスクである「交通事故」のリスクを会社が受け入れるということです。この観点からもう一度、高年齢運転者について考えてみたいと思います。

　視力・聴力は法定定期健診でも調べます。

　しかし、若年者と異なり高年齢労働者では視野障害などが顕著になります。70歳以上では1割を超えるといわれる緑内障などでは、視野の欠如や狭さくは一部分から始まり徐々に広がるとされています。しかし、視野の中心部分の視力は保たれている場合が多く、本人は病気に気付かないことが多々あります。本人の自覚がないまま運転を続けると信号を見落としたり、飛び出しに気付くのが遅くなります。

　70歳以上の運転者が免許更新をする際に受講を義務付けられている高齢者講習では、既に視野検査が取り入れられています。一番対象者が多いと思われる緑内障の検査は一般的な眼科でも受診することが可能で、健康保険が適用されるので費用は数百～数千円ほどで済みます。

（5）運転者適性診断

　高年齢運転者への対策として、もう一つ提案したいと思います。それは高年齢運転者に運転者適性診断を定期的に実施することです。

　独立行政法人　自動車事故対策機構（NASVA）の適性診断は、バス、ハイヤー、タクシー、トラックなどの自動車運送事業者における運転者を対象に、自動車の運転に関する長所、短所といった「運転のクセ」をさまざまな測定により見出し、それぞれのクセに応じたアドバイスを提供することで、交通事故防止に活用しているものです。NASVAの運転者適性診断は、年間約46万人の

方々が利用している一般的な診断ですので、プロの運転者以外の方でも利用したほうがよいと思います。

　一般の人が受診することができる運転診断のメニューは 3 つあります。その中でも、「カウンセリング付き一般診断」（手数料税込 4,800 円）をお勧めします。労災事故の未然防止のため、専門家によるカウンセリングを受けてみましょう。

図表 6-14　運転診断の種類

一般の人向け　運転診断			運送業従事者　運転診断	
一般診断	カウンセリング付き 一般診断	特別診断	初任診断	適齢診断

【一般診断】
・診断時間：約 1 時間 20 分　　・手数料：税込 2,400 円
・受診対象者：普通免許以上を持っていれば、誰でも受診可能
・診断の内容：運転態度、認知・処理機能、視覚機能などについて、心理及び生理の両面から個人の特性を把握し、安全運転に役立つアドバイスを記載した適性診断票を発行します。
　加齢や生活環境の影響を受けて、運転に対する考え方や反応は変化します。安全運転を継続していくうえで定期的にこの診断を受診してその変化を把握していくことをお勧めします。
・受診時期：少なくとも 3 年以内に 1 度の周期で受診をお勧めします。

【カウンセリング付き一般診断】
・診断時間：約 1 時間 40 分　　・手数料：税込 4,800 円
・受診対象者：普通免許以上を持っていれば、誰でも受診可能
・診断の内容：NASVA のカウンセラーが、一般診断（定期診断）を受診した方に対して、診断結果を基に交通事故の未然防止のために必要な運転行動や安全運転のための留意点等についてカウンセリング手法を用いた指導及び助言を行います。
・受診時期：少なくとも 3 年以内に 1 度の周期で受診をお勧めします。

【特別診断】
・診断時間：約 3 時間　　・手数料：税込 10,300 円
・受診対象者：普通免許以上を持っていれば、誰でも受診可能
・診断の内容：NASVA のカウンセラー又は適性診断専門委員（大学教授等）が、一般診断（定期診断）を受診した方に対して、運転経歴等を参考に、一般診断より更に精密に運転性向の諸特性を明らかにし、交通事故の未然防止のために必要な運転行動等についてカウンセリング手法を用いた指導及び助言を行います。
・受診時期：ご要望に応じて受診可能です。
（出典：独立行政法人　自動車事故対策機構）

【検査受診方法】

　NASVA への予約（全国に 50 か所）、もしくは民間の自動車学校や特定の企業などへの予約が可能です（インターネットまたは電話予約）。

① NASVA

　各都道府県にある支所に行く。

　もしくは、専用の有料 PC を借りてインターネットを介して適性検査を受ける。

② 民間の自動車学校

　NASVA 支所よりも自宅や職場の近くに自動車学校があり、NASVA パートナー認定を受けている場合もありますので調べてみましょう。

＊ NASVA で受けても、民間の自動車学校で受けても、手数料は同一です。

（6）その他のチェック

① 視覚障害が心配な人

　例えば、東京の西葛西・井上眼科病院では、第 1・第 3 水曜日の午後に完全予約制で「運転外来」を開設しています。対象は現在運転をされ、既に緑内障、網膜色素変性、脳梗塞などの診断を受けており、両眼に視野欠損[※1]がある方です。安全に運転をしたいと思われる方は、一度問い合わせをしてみることをお勧めします。

　なお、緑内障と睡眠時無呼吸症候群は交通事故の危険因子ですが、その両方が合わさると更にリスクが大きくなりますので、どちらかの可能性のある高年齢運転者の方は、もう一方の検査も受診しておくことも安全運転を維持するためには大切だと思います。

　（※1）両眼重ね合わせの視野検査で視野欠損がある場合。担当医が運転外来受診の適応を判断させていただく場合があります。

　医療法人社団　済安堂　西葛西井上眼科病院：運転外来

　　〒 134-0088　東京都江戸川区西葛西 3-12-14　Tel：03-5605-2100

　　HP：https://www.inouye-eye.or.jp/nk-hospital/

② 脳卒中などの既往がある人

　特定の病気[※2]になった人が運転を再開するには、医師による評価・診断書を作成してもらわなければいけません。その診断書を持参した上で、公安委員会で判断を受けることになります。

　例えば、東京のイムス板橋リハビリテーション病院では、「自動車運転支援外来」を開設しています。対象者は高次脳機能障害と診断されている人で、完全予約制で評価を受けることが出来、診断書も作成してもらえます。

　（※2）道路交通法 「免許の拒否、保留、取消し又は効力の停止等の基準等」による、特定の病気。

　医療法人社団　明芳会　イムス板橋リハビリテーション病院

　　〒 174-0051　東京都板橋区小豆沢 3 丁目 11 番 1 号　Tel：03-3967-1183

　　HP：https://www.ims.gr.jp/itariha/index.html

③ 認知症疑いがある人

　高齢者講習などで「認知症のおそれ」ありと判定されたが、運転を継続したいと考える場合には、認知症ではないという医師の診断書が必要であり、診断書を公安委員会に提出しなければいけません。

　例えば、高知にある愛宕病院では、認知症疑いの高齢ドライバーを対象とした「自動車運転外来」を開設しており、リハビリテーション治療と連動して安全運転能力の向上を目指しているそうです。木曜日の午後、予約制で受診することが出来、対象は認知症に限らず、運転や認知機能に不安のある高齢ドライバーの方も含まれています。

　　医療法人新松田会 愛宕病院
　　　〒780-0051　高知県高知市愛宕町1丁目1-13　Tel：088-823-3301
　　　HP：http://atago-hp.or.jp/

　京都府警での講演において、京都・山城自動車教習所の瀬川誠氏によると、高年齢運転者は「最近はゆっくり走っている」と言って法定速度で走行することを実践しているようであるが、カーブや交差点の右左折ではブレーキの時機遅れや減速不足が見受けられる。高齢者の左側の安全確認について頭部運動を伴う安全確認の不足、左右の偏りがある。偏りが生じていることは、交差点等において重大事故にもつながりかねない、とのことです。

　今までは大丈夫でも今後は間違いなく運転能力は低下してくるので、会社としてはその分を、体力測定・体験講習などで強く認識させ、運転教育や専門家のアドバイスを利用して事故予防に努めなければ、社長が事故の被害者もしくは遺族に謝罪に通い続けることになり、多額の賠償金も払わなければならなくなります。

（7）運転者と経営者としての対応

　運転者を雇用している場合、より具体的に経営者として実施しておかなければならない点についてお話しておきます。

　職業運転手に対してはいろいろな対策をされていると思いますが、通勤などで車を使用する従業員に対しても会社の責任はついてきます。安全運転管理者等が[※3]行う対策とまではいかなくても、年に1回は運転する従業員に「自己診断テスト」などを受けてもらい、事故が起きないようにしておくことが大事です。万一不慮の事故が起きてしまった場合でも、会社の姿勢は理解してもらえると思います。

　中小企業にとって、あまりお金をかけずできる有効なものに1枚100円（税別）で利用できる運転者向けの「自己診断テスト」があります。1枚のテスト用紙に48問の簡単な質問に答える形でチェックを入れていくと、すぐに結果を判定することができて、自分自身の運転に関連する危険度がわかるものです。

　（※3）道路交通法で一定台数以上の自家用自動車を使用する事業所等は、資格を有する安全運転管理者及び副安全運転管理者（「安全運転管理者等」という）を選任しなければならないとされています。

大阪のシンク出版株式会社さんが出版しているもので、種類もいろいろあり、例えば①「起こしやすい事故パターン」をチェックしよう　②運転の「注意力レベル」診断　③事故を防ぐ危険認識度チェック　④安全運転・自己コントロールレベル診断　⑤「交通違反」のリスク診断　⑥危険な運転週間をチェックしよう　⑦追突事故を防ぐ！自己診断チェック　また、自転車運転者向けにも⑧自転車の安全運転度診断　などがあります。

そして2020年9月にはドライバーのための「健康管理」自己診断という新しいテストも出ますので、是非毎年一度は従業員に教育を行っておいてください。

（佐藤）

3　がん患者の就労支援

私の顧問先で、10年間に4回がんの手術をされ、5回復職した方がおられました。「定年まで頑張りたい」が口癖でしたが、残念ながら、就業中に体調を崩し、その願いは叶いませんでした。社員の気持ちを大事にしてくれる職場でした。

最近、従業員の高年齢化もあって、がんを発病する社員の方が急増しています。医療の発達によって、生存率が高まり、不治の病ではなく、社会復帰が十分望める病気になったといえます。平成28年に成立した改正がん対策基本法には、がん患者の雇用継続に配慮する努力義務を企業に課しています。

(1) 増えるビジネスパーソンのがん

がん患者の大部分は60歳以上ですが、20代〜40代の働き盛りの患者も20%程度存在しています。20〜50代の働き盛り世代では、年間約16万人が新たにがんになり、その数が年々増えています。ビジネスパーソンであるがん患者は、家庭や社会、企業において中心的な存在であり、周囲には大きなショックと社会的、経済的な損失を与えます。貴重な働き手を失うことは、会社にとっても大きな損失です。

そして、「がん患者の就労支援」は中小企業にとってとても大きなテーマです。

厚労省も、がん患者の就労支援を大きな施策として、いろいろ打ち出しています。会社においても、治療と仕事をどう両立させるのかについて、事前に考えておく必要があります。

(2) がん患者の就労実態

厚労省研究班が実施した調査によると、がんと診断された時点で働いていた人のうち31%が依願退職し、4%が解雇されていました。医学の進歩によって、がん患者の5年生存率は着実に伸びています。治療の影響で一時的に仕事の実績が下がっても、多くの場合回復します。少し長い目で見れば、貴重な労働力を失うことは雇用側にも痛手です。メンタルヘルス対策がもてはやされていますが、企業はがん患者の復職支援にも取り組むべきです。

(3) 企業がまず取り組むこと

高額医療費の補助があるとはいえ、患者の一番の心配事は治療費・生活費の問題です。経済的不

137

安があると適切な治療法が選べない可能性があり、療養の妨げとなることも少なくありません。企業がまず取り組むべきことは、がんにかかった社員の方が、経済的に安心して治療が出来るようサポートすることです。

　がんの治療は５年以上の長丁場になりますので、早期に傷病手当金を受け取ってしまうと、同じ病気では支給期限の制限があるので、本当に働けなくなったとき、受給出来なくなる可能性があります。有給休暇を消化してから、病状を考慮しつつ適切な受給時期を選ぶべきです。

　会社としては、育児休暇・介護休暇と同じように、治療休暇の導入・時効になった有給休暇を病気休暇に振りかえたり、がん保険に団体で加入するやり方があります。今般、男性の２人に１人、女性の３人に１人はがんにかかる可能性があるといわれています。

　がんになっても安心して療養出来る会社を作ることは、社員のモチベーション向上につながります。

（4）休職中の対応

　休職が長引くと、社会とのつながりがなくなったと失望することも多いと思います。休職中は社内報を送ったり、お見舞い金やお見舞い品を贈ることによって、会社との連帯感を持ってもらうことは何よりの励ましになると思います。

（5）職場復帰にあたって

　がんにはさまざまな種類があります。がんの種類によって治療方法、後遺症の程度、生存率などが違います。一般的に早期がんといわれるものは、治療も簡単で、後遺症も殆どなく、復職は容易です。胃がん・大腸がん・前立腺がん・甲状腺がん・子宮がん・乳がんは、転移がなければ、治癒が期待できます。

　復職にあたって、まず確認することは、再入院の予定・術後の放射線・化学療法のスケジュールです。外来による治療も、放射線・化学療法には、吐き気や発熱・脱毛といった副作用を伴います。がん治療計画に合わせて、勤務を調整する必要があります。

　育児休暇のように、抗がん剤治療等の際に取得できる休暇制度が導入出来たら理想的です。化学療法や放射線治療には限度回数があり、短期間で対応出来ることが多いので、是非配慮していただきたいと思います。フルタイムが難しいようなら、短時間社員等に転換し、治療が一段落した際、再度正社員に登用するといったやり方もあります。

　後遺症の確認も大事です。外食が出来るか、お手洗いや歩行、肉体労働に不自由はないか、患者のプライドを傷つけないよう、主治医や産業医と連携を取って、就業上の配慮の有無を確認してから、復職場所を決めるべきです。過労やストレスは免疫力を低下させ、再発の原因にもなりますので、主治医・産業医の許可があるまで残業や出張は控えるほうが無難です。

（6）体調不良時の対応

　り患から数年間、また再発・転移といったケースでは、急に体調を崩すこともあります。感染症にかかりやすいので、インフルエンザなどの感染症の流行する冬場は特に配慮が必要です。体調不良時や天候不良時は出社させない、ご家族・主治医の連絡先を確認する、体調不良時の対応方法とその際の受診病院等の確認は復職時にしっかり行っておきましょう。　　　　　　　　　　　（下村）

④　令和時代に求められる、士業等の小規模事務所の健康管理

　税理士事務所等の士業の事務所は社員数も少なく、健康管理も社員任せになりがちです。特に士業は高度な知識を持って多数くの業務をこなすため身体が資本であり、健康配慮は業務効率の向上、ミスの防止、社員の離職防止にも直結しますので、力を入れるべき課題です。少数精鋭で業務をこなしていくことが求められる令和の時代に必要な事柄を、産業医・社労士としての視点でアドバイスしたいと思います。他の業種の小規模事務所にもあてはまりますので、参考になさってください。

(1) 健康上の課題

　士業等の小規模事務所では売上明細書、領収証、伝票など多種多様な書類と日々向かわなくてはいけません。

　そのため眼精疲労とパソコンの過度の入力作業による「頭痛」「肩こり」「腱鞘炎」は税理士等に付きものです。繁忙期には、確認する書類は膨大で、かつ見落としは許されないというプレッシャーのため、ストレスに悩まされる先生も少なくありません。

　通常は申告時期・決算時期には定時で帰ることは出来ません。この過重労働に耐えられる日々の健康管理も重要です。

(2) 眼精疲労

　目のトラブルは、作業の遅れや重大なミスに直結するので、特に注意すべき課題です。

　まず視力の確保が重要です。一般的に使用する眼鏡が必ずしもコンピューター作業に適しているとは限りません。特に遠視（老眼）の傾向のある人は、遠くのものは見えても近くのものはぼやけて見えてしまいます。50cm視力に特化した眼鏡があれば、パソコン画面の文字をはっきり捉えることが出来ます。眼鏡はしっかりとしたものを、眼科医と相談して選ぶべきです。白内障・緑内障といった目の病気もありますので、少しでも異常を感じたら、眼科医に相談することを強くお勧めします。

(3) ドライアイ

　私たちは通常1分間に20回程度瞬きをするといわれていますが、パソコンの画面を見つめていると瞬きは1分間に5回程度に減るため目が乾いてしまいます。

　本を読むとき私たちの視線は下を向いています。しかしパソコンは机の上にあり、パソコンを使うときは、本を読むときより視線が上向きになってしまいます。このような状態では瞼が上がって露出する目の面積が大きくなり、目から蒸発する涙の量が増えて目が乾いてしまいます。これがドライアイの大きな原因です。

　パソコン画面の高さを机と平行の視線より下にして、見おろすことが出来るよう配置することが重要です。薬局で市販されている、ドライアイ専用の目薬を使えば簡単に目の表面に水分を補充出来て楽になります。目が疲れたり、または重たく感じたら、その都度目薬をさしてください。

　目を温めることとマッサージには、目の緊張を緩和し、涙腺を刺激する効果があります。30分

以上仕事をしたら大きく伸びをして、こめかみや眉毛の上や目の下をマッサージし、蒸しタオルまたは市販の蒸気ホットパックなどで目を温めて少し休養すると、疲れ目だけではなく、いらいらや肩こりにも効果があります。

　細かい入力作業が多い方は、コンタクトより眼鏡がお勧めです。

（4）肩こり

　肩こりは、税理士事務所等では職業病といえるほど多いトラブルです。街中では、短期間で肩をほぐしてくれるクイックマッサージが繁盛し、薬局では湿布薬などがよく売れています。しかしマッサージだけでは、肩こりを解消することは出来ません。

　長時間画面を見つめてキーボードを打ち続けると、前かがみになり、同じ姿勢が続くことになります。目とモニターとの間隔は腕の長さ程度は確保し、足をしっかり机の下に入れて作業するといいでしょう。パソコン作業中、手が浮くと肩や首が腕の重量を支えなければならないことになります。これは首や肩の筋肉にとって大きな負担です。手は机において作業して、肘当てで肘を支えて仕事をすれば、肩はずっと楽になります。いくら正しい姿勢でも、長時間同じ姿勢が続けば、肩や腰が痛くなります。椅子や机、画面、足の位置を時々変えると肩こり、腰痛の予防になります。

　また、動かないことによる疲労やストレスを防ぐため、1時間に一度は立ち上がって大きく伸びをしてみてください。

　肩は冷やさないほうがよいので、夏場は冷房の風が肩に直接当たらないよう、衣服に注意してください。

　なお、肩がこるのは、筋肉が弱いということです。なで肩の女性に肩こりが多いのは、こうした理由です。マッサージは、筋肉をほぐす効果はありますが、筋肉を鍛えることは出来ません。筋力を高める効果のある定期的な肩こり体操が、一番理にかなった対策といえます。ネット上で、いろいろな体操が紹介されていますので、職場で実施することをお勧めします。温泉、ホットパック、湿布、鍼、灸は筋肉の緊張や血行を改善する作用がありますが、マッサージと同じです。あくまで補助療法と考えてください。湿布薬は痛みのある急性期は冷たい湿布、こりの強い慢性期には温かい湿布を使うのが原則です。また、湿布でかぶれ、皮膚に湿疹が出来てしまう人もいます。特に温湿布は唐辛子の成分が含まれているので注意が必要です。

　かぶれやすい人は湿布薬を切手大に切り、試しに貼ってみるといいでしょう。なお、貼るときはツボを覆うように貼るのが、上手な使い方です。

（5）腱鞘炎

　腱鞘炎に悩む方も少なくありません。長時間キーボードを打つなど、手に負担をかけることにより発病します。手首が細くて、パソコンをよく使う方に多いといわれています。さらに、炊事、洗濯、育児もこなす華奢な20〜30代の人は特に注意が必要です。

　困ったことに、肩は鍛えることによっていくらでも強くなりますが、手首は強くはなりません。従って作業機器・作業方法を改善して、手首の負担を軽くすることが必要です。負担の重いノートパソコンを使った入力作業は、極力控えるべきです。左右の手はハの字型にして作業することが好ましいので、キーボードは広くて、キーの配置が湾曲したものがお勧めです。数字入力が多い方は分離出来るテンキーを使うべきです。マウスはやや大きめで丸みを帯びた光学式のものが、人

間工学上、手に優しいといわれています。また、手
首の下に手置き台を使うと楽になります。マウス作
業は手首への大きな負担になりますので、なるべく
ショートカットを使って仕事をすることをお勧めし
ています。いろいろなテンプレート・マクロ等利用
すれば、業務効率の向上や時短にも直結します。

図表6-15　姿勢

首は少し前傾する
両腕はほぼ水平に
肘をほぼ90°に保つ
大腿の上面が
水平になる
深く腰かける
下肢は直角に
足裏全体が床に
つくように
40cm以上
離す

　また、手首が辛いときには、私生活でなるべく手
を使わないことが一番有効な治療法です。手をいた
わるために手提げ式の重いかばんは持たず、ショル
ダーバッグに替えてください。手首を締め付けるの
もよくありませんので、腕時計はやめ、ブレスレッ
トははずして生活することが必要です。テニス、バドミントン、ボウリング、パチンコといったも
のは、繁忙期にはお休みして手を大切にしてください。

　事務所としても、こうした社員の悩みを軽減することは、事業の発展に直結しますので、お金も
かける必要があります。機能性の高いデジタル機器・背もたれ・肘掛けのついた椅子・机・マッ
サージ機器の導入・湿布薬の設置といったことも考えてください。

(6) 4Sを心がける

　4S（整理・整頓・清潔・清掃）もとても大事です。

　税理士事務所は、仕事の性格上書類が多い所です。机の上をしっかり整理してものを片づけれ
ば、手首を机に置け、パソコンを適切な場所に設置することが出来ます。机の下を整理すれば、足
を入れることが出来るので、前かがみの姿勢が改善されます。書棚の整理・整頓を実施すれば、長
時間労働対策になり、社員の急な休みにも対応することが可能になります。

　4Sは大きな効果があります。繁忙期に必要な書類を探すのに苦労するようなことがないよう、
電子化や保存場所を明確にして、必要のないものは処分することがポイントです。一歩進んでパソ
コンの4Sも進めるべきです。特にメール対応は時間がかかりますので、メールソフトの整備等、
社内宛てのCCを減らすことも必要です。

(7) ミスを防ぐ

　会計ソフト等の普及が進んでいます。ミスの少ない入力方法等を意識して作られていますので、
こうしたツールを最大限利用出来るよう勉強しておくべきです。担当を1人1社より2人で2社と
いうような、グループ対応が出来る体制にすると、ミスの防止だけでなく、ストレス解消につなが
ります。

(8) 生活習慣の改善

　生活習慣の改善も重要です。寝不足は、ケアレスミスの大きな原因です。繁忙期であっても最
低5時間以上の睡眠は必要です。通勤時間が長ければ、繁忙期は近くのホテルで宿泊するとか、在
宅勤務というやり方があります。また、社内禁煙を実施すれば、一日30分程度の時短が可能にな
り、その時間をミスのチェックに使えます。

食生活も重要です。欠食・遅食は集中力低下につながります。ミスが多いということは、スキル不足ということも考えられますので、閑散期に勉強の機会を提供することはトラブル防止になります。しかし見過ごされやすいのが、体調不良による失敗です。急に失敗が増えたなら、体調不良や病気を疑う必要があります。上司は、部下を叱責する前に体調を確認したいものです。

（9）健康診断

　健康診断をしっかり受けておくことも重要です。困ったことに、税務申告を控えた2月・3月はインフルエンザやノロウイルスといった感染症が流行ります。寒い時期でうつになりやすく、風疹・麻疹も増えてきます。可能な予防接種は事務所全員で必ず受けておくべきです。

　また、冬は血圧が高くなりやすいので、脳卒中・心臓病といった病気が多くなります。特にシニア世代の方は忙しくなる前にしっかりと治療して、繁忙期に備える必要があります。

（10）顧客対応

　顧客との関係は、どんな仕事であっても大きなストレスです。私も顧問先を沢山抱えているので、その気持ちはよくわかります。担当者とのコミュニケーションが、仕事を円滑に進めるためのポイントではないでしょうか。

　コンサルタント業は、困ったときの対応がとても大事です。経営者はもちろん、パートナーである経理担当者との関係も重要です。トラブルは突然生じますので、困ったときにはいつでも相談にのるという姿勢が大事です。

　納税者は常に申告事務・税額・税務調査というストレスを抱えています。どんなに誠実、正確に申告したつもりでも何かあるかもしれませんし、調査もやって来るかもしれません。そのストレスから逃れるために、税理士に仕事を依頼する方も多いはずです。従って、顧客の税などに関するストレスマネジメントも大きな仕事です。納税に関する心理カウンセラーのような側面もあります。

　顧客の悩みをしっかり聞き、ストレスを解消することが出来れば、トラブルも少なくなるのではないでしょうか。実際に、産業カウンセラーや公認心理師などの資格を取得している方もおられます。

　繁忙の差がはっきりしている仕事は、大変ですが、メリハリが効くというメリットがあります。忙しいときの健康管理は難しいので、閑散期に上手くリフレッシュし、スキルアップと効率的な仕事の方法を考えておく。また、繁忙期に備え、おっくうがらず事前に健康に関する懸念を払拭しておくことも重要です。

　小規模事務所は、人数的に50人未満の事業場が多く、産業医や衛生管理者の設置義務がないため、経営者がカウンセラー役になること、また、所長ご自身もプロフェッショナルとして、資本である身体は自分自身で守るといった意識も重要です。

（下村）

健康管理リスクチェックシート　例（感染症リスクを除く）

①従業員数 50 人未満の事業場の　健康管理リスク　簡単チェックシート

		YES	NO
①正社員の労働時間の3／4以上の労働者には<u>定期健康診断</u>を全員実施している	①		
②正社員の労働時間の3／4以上の労働者には<u>雇入れ時健康診断</u>を全員実施している	②		
③有害業務や深夜労働の従業員に対しては<u>特殊健診</u>を全員受けさせている	③		
④健康診断後に<u>医師による就労判定</u>を全員が受けている	④		
⑤就労判定に従い<u>事後措置</u>（事後指導または就労に関する措置）を全員実施している	⑤		
⑥労働形態に関係なく <u>労働者全員の労働時間</u>を確認できていて、証拠書類等が残っている	⑥		
⑦月に <u>80 時間以上</u>の時間外労働をおこなっている労働者が把握できており、その者に対しては<u>長時間労働者医師面接体制</u>が出来ている	⑦		
⑧メンタルヘルスの休職者や復職者への対応に<u>医師との面接</u>と意見書の取得を入れている	⑧		

②従業員数 50 人以上の事業場の　健康管理リスク　簡単チェックシート

		YES	NO
①正社員の労働時間の3／4以上の労働者には<u>定期健康診断と雇入れ時健康診断</u>を全員に実施している	①		
②正社員の労働時間の3／4以上の労働者には<u>ストレスチェック</u>を全員受検できるようにしている	②		
③有害業務や深夜労働の従業員に対しては<u>特殊健診</u>を全員受けさせている	③		
④産業医を選任して労働基準監督署に届け出を出している	④		
⑤衛生管理者を選任して労基署に届け出を出している	⑤		
⑥産業医による職場巡視を月1回または2か月に1回以上行っている	⑥		
⑦衛生委員会を月1回以上行っていて記録が取ってある	⑦		
⑧<u>健診後に産業医による就労判定</u>を有所見者全員が受けている	⑧		
⑨就労判定に従い<u>事後措置</u>（事後指導または就労に関する措置）を全員実施している	⑨		
⑩労働形態に関係なく<u>労働者全員の労働時間</u>を確認できていて、証拠書類等が残っている	⑩		
⑪月に <u>80 時間以上</u>の時間外労働をおこなっている労働者が把握できており、その者に対しては<u>長時間労働者医師面接体制</u>が出来ている	⑪		
⑫<u>高ストレス者</u>とメンタルヘルスの休職者や復職者への対応に<u>産業医との面接</u>と意見書の取得を入れている	⑫		

出典：日本産業医支援機構

衛生管理体制表　例

衛 生 管 理 体 制 表

1. 衛生委員会委員

選　任	氏　名	
産　業　医		
衛生委員会　委員長		
衛　生　管　理　者		
衛生に関し経験を有する者		
従　業　員　代　表		

2. 事業所周辺医療機関

医　療　機　関　名	診　療　科	電　話　番　号	診療時間・診療日	住　　　所

3. 感染症対応周辺医療機関

医　療　機　関　名	対象感染症	電　話　番　号	診療時間・診療日	住　　　所

出典：日本産業医支援機構

職場安全衛生　点検チェックリスト　例

職場安全衛生　　点検チェックリスト

巡視場所		巡視日時	年　　　月　　　日

巡視者		問題なし：○　／　指摘あり：△　／　至急改善：×

		対象フロア	（　　　）階	（　　　）フロア

点検項目		点 検 内 容	結　果	結　果
作業環境	1	採光、照明、パソコンの画面の明るさなどは適切か		
	2	整理整頓はされているか		
	3	社内分煙などの場合に室内の換気に問題はないか		
	4	適切な温度・湿度となっているか	温度　　　　℃ 湿度　　　　％	温度　　　　℃ 湿度　　　　％
	5	騒音の遮断状況は問題ないか		
避難設備	6	階段、出入口や非常用の付近に物を積んでいないか（避難経路の確保）		
	7	戸棚等の転倒防止、収納物の落下防止措置はとられているか		
	8	消火栓、消火器等の前に物が置かれていないか		
電気関係	9	コンセントからタコ足配線していないか		
	10	蛍光灯や電球がきれていないか		
	11	配線が通路にはみ出ていないか		
	12	使用しない電気機器はコンセントから外し、スイッチを切っているか		
感染リスク	13	手洗い・消毒用の薬品は切れていないか		
	14	検温記録などがきちんと残されているか		
	15	マスクなどの着用がきちんとできているか		
	16	3密を避けるように席やテーブルが配置されているか		
	17	換気対策が十分なされているか		
その他	18	給湯室・トイレの清掃状況		
	19	救急用品の設置状況		
	20	冷蔵庫に期限切れの飲食物がないか		
	21	喫煙室から臭いは漏れていないか		

指摘事項

管理責任者	産業医	衛生管理者

出典：日本産業医支援機構

株式会社〇〇〇〇　△△事業場　　安全衛生委員会議事録

開催日時	
開催場所	
出席者	委員長　〇〇〇〇　　　　　　　　　衛生管理者　〇〇〇〇 産業医〇〇〇〇 労働者代表〇〇〇〇

議事

1. 前回からの継続審議事項（改善の報告など）
2. 事業者からの報告 ex 労働災害の発生状況 　　安全衛生関連の取り組みに関する報告（定期健康診断・ストレスチェック・予防接種などを含む）
3. 長時間労働の発生状況に関する報告 　　時間外労働　80時間超過　〇〇名　60時間超過　〇〇名　など
4. 衛生管理者からの報告 ex 職場巡視に関する報告 　　職場環境改善に関する報告など
5. 労働者代表からの報告 ex 職場環境に関する要望・改善点の提案など
6. 産業医からの報告 ex 情報提供（季節性の話題、注意喚起など） 　　衛生委員会に対するコメントなど

議事録作成日	
議事録作成者	
次回の開催日	

責任者	衛生管理者	産業医	議事録作成者

出典：日本産業医支援機構

面接対象者用　セルフチェック票　例

（標準）健康状態確認　セルフチェック票　（面接対象者記入用）

《個人情報の利用目的》
このセルフチェック票は、面接指導を担当する医師があなたの健康状態を正しく把握する目的でお尋ねするものです。回答された内容は健康診断情報等に準じて厳重に取扱い、上記の目的以外の使用はいたしません。

記入日		年　　月　　日	社員・スタッフ番号　等			
社名・所属					部署	
氏名			年齢	歳	性別	男・女

月度	(1) 月間の時間外労働時間合計	時間	(2) 休日就業時間合計	時間
	(3) 総労働日数 ※平日の就業日数と休日就業日数の合計をお書きください	日	(4) 自宅からの通勤時間（片道）	分
			(5) 通勤の方法（車・電車等）	
あなたの状態で最も当てはまる項目の空欄に○を付けてください。			(6) 平日の平均的な睡眠の時刻と合計時間	時〜　時の計　時間

1. 仕事についてお尋ねします。

質問事項	そうだ	まあそうだ	やや違う	違う
1) 労働時間が（残業時間）長い				
2) 不規則勤務である				
3) 拘束時間の長い勤務である				
4) 出張が多い勤務である				
5) 交替制勤務が多い				
6) 深夜勤務になることが多い				
7) 人間関係のストレスが多い業務である				
8) 温度環境が良くない（作業環境）				
9) 騒音が大きい（作業環境）				
10) 自分または他人に対して危険度の高い業務である				
11) 過大ノルマのある業務である				
12) 達成期限が短く限られている業務である				
13) トラブル・紛争の処理にあたることが多い				
14) 支援のない業務である				
15) 困難な新規・立直し業務である				

2. 最近 1 か月の自覚症状についてお尋ねします。

質問事項	ほとんどない	時々ある	よくある	※自由記入欄
1) イライラする				
2) 不安だ				
3) 落ち着かない				
4) ゆううつだ				
5) よく眠れない				
6) 体の調子が悪い				
7) 物事に集中できない				
8) することに間違いが多い				
9) 仕事中、強い眠気に襲われる				
10) やる気が出ない				
11) へとへとだ（運動後を除く）				
12) 朝、起きたとき、ぐったりした疲れを感じる				
13) 以前とくらべて、疲れやすい				

3. 最近 1 か月の勤務状況についてお尋ねします。　・最も当てはまる項目自体に○を付けてください。

質問事項			
1) 時間外労働が多い	ない又は適当	多い	非常に多い
2) 不規則な勤務（予定の変更、突然の仕事）が多い	少ない	多い	―
3) 出張に伴い負担（頻度・拘束時間・時差など）が大きい	ない又は小さい	大きい	―
4) 深夜勤務に伴う負担が大きい	ない又は小さい	大きい	非常に大きい
5) 休憩時間及び休養施設が整備されていない	適切である	不適切である	―
6) 仕事についての精神的負担が大きい	小さい	大きい	非常に大きい
7) 仕事についての身体的負担が大きい	小さい	大きい	非常に大きい

4. 最近のご様子についてお尋ねします。

質問事項	はい	いいえ	＊相談したいことなど　自由記入欄
1) 毎日の生活に充実感がない			
2) これまで楽しんでやれていたことが、楽しめなくなった			
3) 以前は楽に出来ていたことが今ではおっくうに感じられる			
4) 自分が役に立つ人間だと思えない			
5) わけもなく疲れたような感じがする			

質問は以上です。上記の説明に同意のうえ、この書類を作成して、医療機関または社内にて面接を受ける際に担当医師へ提出してください。

出典：日本産業医支援機構

産業医への情報提供書（定期健康診断等の就業判定用情報）　No.＿＿＿．

社　名			事業場名				
対象者	（社員・スタッフ番号等）		所　　属			部	課
	氏　名		性　　別	男・女	年齢　　　歳	役職名等	
	入社後の年数	約（　　　）年（　　　）か月	社内職歴等				

①添付資料	☐ 対象労働者の過去の健康診断の結果・会社が把握している基礎疾患など ☐ 過去に就労制限があった場合には診断書などの情報 ☐ 労災・休業・休職などの履歴 ☐ その他の添付書類 ｛　　　　　　　　　　　　　　　　　　　　　　　　　｝
②通常の業務状況 　通勤状況	①職場環境　☐ ホワイトカラー職場　　☐ ブルーカラー職場 　☐ 特殊な職場 ｛ ②職位　☐ 時間管理外の管理職　☐ 管理職　☐ 一般職 　☐ 専門職その他 ｛ ③通勤　☐ 電車・バス等での通勤　　☐ 車・バイク等での通勤 　☐ 自転車での通勤　　☐ 歩いての通勤 　☐ その他 ｛　　　　　　　　　　　　　　　　　　　　　　　　　　｝ ④業務　☐ 社用車等車の利用あり　☐ 構内での車両の運転あり 　☐ その他 ｛　　　　　　　　　｝
③通常の労働時間や 　長時間労働の有無	①通常の勤務開始時刻　（　　　）時（　　　）分〜 　通常の勤務終了時刻　（　　　）時（　　　）分 ②通常の労働時間　（　　）時間（　　）分　　休憩時間（　　）分 ③直近月での長時間労働の有無 　☐ 100 時間超　　☐ 80 時間超　　☐ 60 時間超　　☐ 45 時間超 　☐ 45 時間未満　　☐ 短時間労働者
④交代勤務・深夜勤務など 　勤務形態とそれに伴い 　配慮すべき事項	①交代勤務　☐ あり（　　）交代制　☐なし　☐ 特殊な職場 ｛　　　　　｝ ②深夜勤務の回数（　　）回／月 ③交代勤務の形態 ｛　　　　　　　　　　　　　　　　　　　　　　　｝ ④配慮すべき点など ｛　　　　　　　　　　　　　　　　　　　　　　　｝
⑤作業環境等	①配慮すべき特殊な作業環境　☐ あり ｛内容：　　　　　｝ ☐ なし ②配慮してもらいたい点など ｛　　　　　　　　　　　　　　　　　　　｝
⑥有機溶剤などの利用状況等	①有機溶剤の使用　☐ あり ｛主たる溶剤：　　　　　　｝ ☐ なし ②その他の特定業務従事者となる業務　☐ あり ｛　　　　　　｝ ☐ なし ③過去の特殊健康診断の結果　☐ 直近の健診で異常あり 　☐ 過去に異常あり　　☐ 過去にも異常はなし ④配慮してもらいたい点など ｛　　　　　　　　　　　　　　　　　　｝
⑦出張の回数・時間等	①出張　☐ 宿泊出張あり（　　）回／月　（　　　）泊程度／月 　☐ 海外出張あり（　　）回／月　（　　　）泊程度／月 　☐ 新幹線・飛行機を利用する日帰り出張あり（　　）回／月 　☐ 出張はほとんどなし
⑧その他	裁量労働の有無など

※作成年月日　　　年　月　日　作成者　部署（　　　　　　　　）氏名（　　　　　　）

出典：日本産業医支援機構

148

産業医への長時間労働者用情報提供書　例

産業医への情報提供書（長時間労働者用）

※面談予定年月日　　　　年　　月　　日（　　）　　時　　分〜　　　No.　　　.

社　名			事業場名			
対象者	（社員・スタッフ番号等）		所　属		部	課
	氏　名		性　別	男・女	年齢　　歳	職位・役職等

①労働者の作業環境 　※特定業務への 　　従事状況など	
②労働時間	※前月の勤怠表でも可
③作業様態 　※オフィスワーク、 　　営業、製造ラインなど	
④作業負荷の状況 　※担当している業務の量 （1時間当たりの積み下ろし の作業量、担当している案件 の内容など）	
⑤深夜業の回数・時間	
⑥会社が把握している基礎疾 　患・その他	

※作成年月日　　　年　月　日　作成者　部署（　　　　　　）氏名（　　　　　）

出典：日本産業医支援機構

副業の労働時間報告書　例

副業の労働時間報告書

株式会社〇〇〇〇
代表取締役　〇〇〇〇　殿

申請日	年　　月　　日

所属　＿＿＿＿＿＿＿＿＿＿＿＿＿＿＿＿＿

社員番号等	＿＿＿＿＿＿＿＿＿＿
氏名	＿＿＿＿＿＿＿＿㊞

＿＿＿＿＿＿年＿＿月に、私が＿＿＿＿＿＿＿＿＿＿＿＿＿（　申請済み副業　）で従事した労働時間を
下記のとおりご報告いたします。なお、私の健康状態については下記の通りであることを申し添えます。

（　1.　健康状態はまったく問題ない　　2.　多少疲労感はあるが、就業に影響はない　　3.　産業医等との面談を希望する　）

記

1. 所定労働時間　　　　副業許可申請書記載のとおり（異なる場合：＿＿＿＿＿＿＿＿＿＿＿＿）
2. 休憩時間　　　　　　副業許可申請書記載のとおり（異なる場合：＿＿＿＿＿＿＿＿＿＿＿＿）
3. 所定労働日(曜日)　　副業許可申請書記載のとおり（異なる場合：＿＿＿＿＿＿＿＿＿＿＿＿）
4. 法定休日　　　　　　副業許可申請書記載のとおり（異なる場合：＿＿＿＿＿＿＿＿＿＿＿＿）

副業＿＿＿＿年＿＿＿月の勤務状況

		a. 勤務時間		b. 総拘束時間	c. 休憩時間	d. 実労働時間	e. 所定時間外労働時間	f. 深夜労働時間	g. 法定休日労働時間
		始業時刻	終業時刻						
1	土	：	：	：	：	：	：	：	：
2	日	：	：	：	：	：	：	：	：
3	月	：	：	：	：	：	：	：	：
4	火	：	：	：	：	：	：	：	：
5	水	：	：	：	：	：	：	：	：
6	木	：	：	：	：	：	：	：	：
7	金	：	：	：	：	：	：	：	：
8	土	：	：	：	：	：	：	：	：
9	日	：	：	：	：	：	：	：	：
10	月	：	：	：	：	：	：	：	：
31	月	：	：	：	：	：	：	：	：

	責任者	管理監督者	上長
確認日	／	／	／
確認者　印			

出典：日本産業医支援機構

事業場内での健康情報取扱いの範囲　例

健康情報等を取り扱う者及びその権限並びに取り扱う健康情報等

＜常時使用する労働者が 10 人以上の事業場の例＞

健康情報等の種類	取り扱う者及びその権限			
	担当ア	担当イ	担当ウ	担当エ
①　安衛法第65条の２第１項の規定に基づき、会社が作業環境測定の結果の評価に基づいて、従業員の健康を保持するため必要があると認めたときに実施した健康診断の結果	△	○	△	△
①－１　上記の健康診断の受診・未受診の情報	◎	○	△	△
②　安衛法第66条の第１項から第４項までの規定に基づき会社が実施した健康診断の結果並びに安衛法第66条第５項及び第66条の２の規定に基づき従業員から提出された健康診断の結果	△	○	△	△
②－１　上記の健康診断を実施する際、会社が追加して行う健康診断による健康診断の結果	△	○	△	△
②－２　上記の健康診断の受診・未受診の情報	◎	○	△	△
③　安衛法第66条の４の規定に基づき会社が医師又は歯科医師から聴取した意見及び第66条の５第１項の規定に基づき会社が講じた健康診断実施後の措置の内容	◎	○	△	△
④　安衛法第66条の７の規定に基づき会社が実施した保健指導の内容	△	○	△	△
④－１　上記の保健指導の実施の有無	◎	○	△	△
⑤　安衛法第66条の８第１項（第66条の８の２第１項、第66条の８の４第１項）の規定に基づき会社が実施した面接指導の結果及び同条第２項の規定に基づき従業員から提出された面接指導の結果	△	○	△	△
⑤－１　上記の労働者からの面接指導の申出の有無	◎	○	△	△
⑥　安衛法第66条の８第４項（第66条の８の２第２項、第66条の８の４第２項）の規定に基づき会社が医師から聴取した意見及び同条第５項の規定に基づき会社が講じた面接指導実施後の措置の内容	◎	○	△	△
⑦　安衛法第66条の９の規定に基づき会社が実施した面接指導又は面接指導に準ずる措置の結果	◎	○	△	△
⑧　安衛法第66条の10第１項の規定に基づき会社が実施したストレスチェックの結果	△	○	△	△
⑨　安衛法第66条の10第３項の規定に基づき会社が実施した面接指導の結果	△	○	△	△
⑨－１　上記の労働者からの面接指導の申出の有無	◎	○	△	△
⑩　安衛法第66条の10第５項の規定に基づき会社が医師から聴取した意見及び同条第６項の規定に基づき会社が講じた面接指導実施後の措置の内容	◎	○	△	△
⑪　安衛法第69条第１項の規定に基づく健康保持増進措置を通じて会社が取得した健康測定の結果、健康指導の内容等	△	○	△	△
⑫　労働者災害補償保険法第27条の規定に基づき、従業員から提出された二次健康診断の結果及び労災保険法の給付に関する情報	△	○	△	△
⑬　治療と仕事の両立支援等のための医師の意見書	△	○	△	△
⑭　通院状況等疾病管理のための情報	△	○	△	△
⑮　健康相談の実施の有無	△	○	△	△
⑯　健康相談の結果	△	○	△	△
⑰　職場復帰のための面談の結果	△	○	△	△
⑱　（上記のほか）産業保健業務従事者（担当イ）が労働者の健康管理等を通じて得た情報	△	○	△	△
⑲　任意に従業員から提供された本人の病歴、健康に関する情報	△	○	△	△

※◎：事業者が直接取り扱う。

※○：情報の収集、保管、使用、加工、消去を行う。

※△：情報の収集、保管、使用を行う。なお、使用にあたっては、労働者に対する健康確保措置を実施するために必要な情報が的確に伝達されるよう、医療職が集約・整理・解釈するなど適切に加工した情報を取り扱う。

出典：厚生労働省

出社前　生活リズム等　自己管理カレンダー

出社前 生活リズム等 自己管理カレンダー	日数 出社日前 日数 （復職予定日が通知されたら記入をスタートしてください）		31日前	30日前	29日前	28日前	27日前	26日前	～	7日前	6日前	5日前	4日前	3日前	2日前	1日前
		月日	月　日	月　日	月　日	月　日	月　日	月　日		月　日	月　日	月　日	月　日	月　日	月　日	月　日
		曜日	（　）	（　）	（　）	（　）	（　）	（　）		（　）	（　）	（　）	（　）	（　）	（　）	（　）
睡眠	起床時刻		時　分	時　分	時　分	時　分	時　分	時　分		時　分	時　分	時　分	時　分	時　分	時　分	時　分
	就寝時刻		時　分	時　分	時　分	時　分	時　分	時　分		時　分	時　分	時　分	時　分	時　分	時　分	時　分
体温	午前（できるだけ起床時などと一定の時刻に）		度	度	度	度	度	度		度	度	度	度	度	度	度
	午後（出来るだけ一定の時刻に）		度	度	度	度	度	度		度	度	度	度	度	度	度
運動	通勤・散歩・買物などを含めた1日の合計歩数		歩	歩	歩	歩	歩	歩		歩	歩	歩	歩	歩	歩	歩
	運動した回数（回数）		回	回	回	回	回	回		回	回	回	回	回	回	回
食事	朝食時刻（通常時の朝食時刻 ＝ 時 分頃）		時　分	時　分	時　分	時　分	時　分	時　分		時　分	時　分	時　分	時　分	時　分	時　分	時　分
	昼食時刻（通常時の朝食時刻 ＝ 時 分頃）		時　分	時　分	時　分	時　分	時　分	時　分		時　分	時　分	時　分	時　分	時　分	時　分	時　分
	夕食時刻（通常時の朝食時刻 ＝ 時 分頃）		時　分	時　分	時　分	時　分	時　分	時　分		時　分	時　分	時　分	時　分	時　分	時　分	時　分
アルコール	通常のアルコール摂取量に比べての飲酒量		多・普・少	多・普・少	多・普・少	多・普・少	多・普・少	多・普・少		多・普・少	多・普・少	多・普・少	多・普・少	多・普・少	多・普・少	多・普・少
体重	通常の体重との増減チェック		多・普・少	多・普・少	多・普・少	多・普・少	多・普・少	多・普・少		多・普・少	多・普・少	多・普・少	多・普・少	多・普・少	多・普・少	多・普・少
	実際の体重（記入したい場合にご利用ください）		Kg	Kg	Kg	Kg	Kg	Kg		Kg	Kg	Kg	Kg	Kg	Kg	Kg
排便	排便の有無		有・無	有・無	有・無	有・無	有・無	有・無		有・無	有・無	有・無	有・無	有・無	有・無	有・無
休職以前の状態を100点とした場合の当日の状態を自己チェックして点数で記入			点	点	点	点	点	点		点	点	点	点	点	点	点
何らかの自覚症状があれば記入	憂うつな気分・抑うつ・意欲低下・無気力・集中力困難・健忘・物忘れ・不安感・落ち着かない気分・いらいら・怒り・倦怠感など・易疲労感・倦怠感・昼間の眠気															
相談事項	担当部署や担当者、産業保健スタッフに何か相談したいことがあれば記入ください															

出典：日本産業医支援機構

152

＜著者紹介＞

佐藤　典久（さとう のりひさ）

株式会社日本産業医支援機構　統括執行役員

島根県出雲市生まれ　1977 年（昭和 52 年）成蹊大学法学部 卒業

ドイツ系製薬会社 ヘキストジャパン株式会社にて勤務の後、クロス病院ならびにクロス病院健診センター（東京都渋谷区）事務長・事務局長を 12 年間勤める。

2001 年（平成 13 年～令和元年）株式会社メディカルトラストを設立し、取締役事業部長として全国 700 社ほどの企業の健康管理室の運営や産業医業務の受託を全国 1 千数百か所で行う。

2012 年（平成 24 年）には厚生労働省労働基準局安全衛生部労働衛生課よりの受託事業「事業場の産業保健活動を支援するサービスの整備・育成等事業」の責任者を務め、全国 47 か所で講演を行った。

2019 年（令和元年～）株式会社日本産業医支援機構の統括執行役員として、企業・団体向け、特に中小企業向けの産業保健サービスの提供を開始。同時に就労支援相談センターを立ち上げて担当者および産業医や産業保健スタッフからの相談にも対応する体制を構築している。

ホームページ　https://www.s-shien.co.jp/
メール　　　　sato-nori@s-shien.co.jp

下村　洋一（しもむら　よういち）

医師・労働衛生コンサルタント・日本医師会認定産業医・社会保険労務士

1984 年（昭和 59 年）日本大学医学部卒業。

駿河台日本大学病院内科勤務、東京都がん検診センター消化器科勤務臨床医、銀座菊池病院内科医長を経験した後、大手私鉄グループ専属産業医・診療所長を務める。

2000 年（平成 12 年）　下村労働衛生コンサルタント事務所を開業。都内で初めて嘱託産業医業務に特化した事務所を開設し現在に至る。顧問先多数。講演多数。

最近の著作に「こうすれば上手くいく健康管理」（安全と健康）、「実効性のある衛生委員会の運営実務」（労政時報）、「独立産業医の履歴書」（産業医学ジャーナル）、「夏場の社員の健康状態チェックと労務管理」（企業実務）、「景気低迷下における職場の健康管理」（労務事情）、「職場の健康」（月刊社労士）、「社員の健康管理 FAQ」（人事マネジメント）などがある。

ホームページ　https://kenkouzukan.com/
メール　　　　y-shimo@kenkouzukan.com

健康リスクから会社を守る!!

令和2年9月30日　初版第一刷印刷　　　　　　　　　　　（著者承認検印省略）
令和2年10月20日　初版第一刷発行

　　　　　　　ⓒ　共著者　　佐　藤　典　久
　　　　　　　　　　　　　　下　村　洋　一
　　　　　　　　　特別寄稿　　伊　是　名　夏　子
　　　　　　　イラスト・装丁　　大　下　詠　子
　　　　　　　　　発行所　　税　務　研　究　会　出　版　局
　　　　　　　　　　　　　　週刊［税 務 通 信］発行所
　　　　　　　　　　　　　　　　［経 営 財 務］
　　　　　　　　　代表者　　山　根　　　　毅
　　　　　　　郵便番号100-0005
　　　　　　　東京都千代田区丸の内1-8-2 鉄鋼ビルディング
　　　　　　　振替00160-3-76223
　　　　　　　電話［書 籍 編 集］03（6777）3463
　　　　　　　　　［書 店 専 用］03（6777）3466
　　　　　　　　　［書 籍 注 文］
　　　　　　　　　〈お客さまサービスセンター〉03（6777）3450

─────── 各事業所　電話番号一覧 ───────
北海道 011（221）8348　　神奈川 045（263）2822　　中　国 082（243）3720
東　北 022（222）3858　　中　部 052（261）0381　　九　州 092（721）0644
関　信 048（647）5544　　関　西 06（6943）2251

〈税研ホームページ〉　https://www.zeiken.co.jp

乱丁・落丁の場合は，お取替え致します。　　　印刷・製本　日本ハイコム株式会社

ISBN 978-4-7931-2533-1